JN034025

エピソードから楽しく学ぼう

人間関係

及川留美［編著］

西井宏之・柳瀬洋美・善本眞弓［著］

創 成 社

はじめに

　園生活における何気ない日常的な保育のなかで，日々，たくさんのエピソードが生まれています。3歳児クラスの片付けの時間です。ブロックを片付けていた女の子がロッカーに手をぶつけてしまい，「いたい」と今にも泣きそうな声で叫びました。すると，友達が駆け寄り「大丈夫？」と心配そうに女の子に声をかけたのです。ぶつけた女の子が「うん，大丈夫」と応えたその瞬間，「いたい！」と叫んだ時の悲しそうな女の子の表情は消え，和らいだ笑顔に変わりました。そして，「よかったね」と互いに頷くかのように顔を見合い，ブロックの片付けが再開しました。仲間を思う気持ちが育っていることを感じさせる一瞬の光景です。傍らにいた保育者も2人の様子を微笑みながら静かに見守っています。その光景を思い描いてみてください。何気ない一瞬の光景ですが，そこに漂う穏やかな空気が肌に伝わってきませんか。そして，ほのぼのとした温かさにもふれる思いがしませんか。

　園生活のなかで生まれる様々エピソード。そこには，仲間がいるからこそともに感じることのできるよろこび，心と心が通じ合うよろこびがあります。そして，日々繰り広げられる何気ないエピソードの積み重ねのなかで，子どもたちは，人としての心を育んでいきます。

　このような何気ない園生活のなかで繰り広げられるエピソードを紐解きながら，保育の学びを深めていくことを目指して編集されているのが，「エピソードから楽しく学ぼう」シリーズです。すでに，「子ども理解と支援」「環境指導法」「新版保育内容総論」を刊行し，本書は，2017（平成29）年に告示された「幼稚園教育要領」「保育所保育指針」「幼保連携型認定こども園教育・保育要領」をふまえながらまとめられた保育内容「人間関係」のテキストです。

　今，私たちが生きる環境も都市化や少子化，情報化が進み，AI（人工知能）と向かい合い，そのAIに語りかけることで心を癒す姿を目にすることも，不思議な光景ではなくなっています。人に代わって様々な分野において，AIが活躍す

る時代です。そんな時代のなかで，子どもへの虐待やいじめに関する報道は後を絶ちません。外で大人に声をかけられたら，黙って逃げなさいと子どもに教えなければならない悲しい時代にもなっています。このような人と人との関係の希薄さを思う時，今，人と関わる力を育むことがどれほど大切なことであるかを感じます。園生活は，その人と関わる力を育む最後の砦といっても過言ではないかもしれません。

　本書では，まず，1章で乳幼児を取り巻く人間関係をみつめながら保育施設の課題について考えます。2章において，保育内容における領域「人間関係」について学び，その上で3章から6章にかけて，乳幼児期の人との関わりと保育のあり方，個の育ちと集団の育ち，特別な配慮を要する子どもの人間関係の育ちとその支援のあり方についての学びを深めます。さらに，7章において，子どもを取り巻く様々な人々との人間関係について考え，最終章の8章では，1章から7章の学びをもとに，子どものよりよい育ちを願いながら，保育の記録・計画・評価という保育の過程についての学びを深めていくという構成です。

　なお，各章の終わりに「確認問題」を用意しました。それぞれの章の学びを再確認していただく一助になれば幸いです。

　また，各章とも，読者とともに学び合う思いを込め，その学び合いを深めるために，保育の実践の場で日々繰り広げられているエピソードをたくさん取り上げています。それぞれの章を担当する執筆者が，自ら体験し心揺さぶられたエピソードや，観察を通して魅せられたエピソードが織り込まれています。そのエピソードを通して，読者の方一人一人が，具体的に子どもの姿を思い浮かべてくださることを願っています。そして，自分だったら子どもの姿をどのように捉えるだろうかと考えながら，学びを深め，保育の営みの深さ，尊さを学んでいただけたら幸いです。保育は，子どもの育ちを支える尊い営みです。その尊さを，本書を通して深めてくださることを心から願っています。

　2020年2月

東京未来大学名誉教授

福﨑淳子

本書の使い方

　本書は教員養成課程の「領域及び保育内容の指導法に関する科目」の「領域に関する専門的事項」と「保育内容の指導法」に対応したテキストになっています。

　第1章，第2章及び第3章以降の前半は，領域「人間関係」に関する学問的背景や基礎となる考え方などを学ぶための専門的事項になっています。専門的事項の後には確認問題がありますので，学びの確認を行ってください。

　第3章から第8章には，各章のテーマに合わせた保育実践のエピソードを中心とした演習の項目があります。どの項目にも保育施設において子どもたちの生活する姿が描かれています。エピソードを読み解きながら，子どもに対する理解を深めると同時に，保育者の援助の実際を学んでほしいと思います。

　各章の演習の最後には演習課題があります。専門的事項や演習で学んだことを応用し，実践について皆さんで考えたり，実践したりすることで，保育を実践する力を身につけましょう。

目　次

第1章
現代の乳幼児を取り巻く人間関係と保育の課題

本章のねらい

　私たちは社会の一員として日々生活を営んでいます。生活スタイルは都市化や急速な情報化に伴い，ここ数十年でこれまでに例をみないほど大きく変化をしています。生活の変化は私たちのみならず子どもの育ちにも大きな影響を与えているといえるでしょう。社会の中で人と関わって生活していくためには，幼少期から様々な人と関わりながら「どのように人と関わっていったらよいか」ということについて経験を通して学んでいく必要があります。現代の便利な生活は直接的な人との関わりを減少させる傾向にあるといえます。

　本章では乳幼児を取り巻く現代の社会環境および人間関係の特徴について学びを深めます。自らの生活を振り返りながら，子どもたちの人間関係の育ちを促すために，保育現場においてどのようなことが大切なのか考えてみましょう。

① 　人間関係とは何かということを振り返ってみましょう。

　人は他者との関わりなくしては生活していくことはできません。自らの生活を振り返りながら人間関係について考えてみましょう。

② 　現代の社会環境と人間関係の特徴について理解しましょう。

　現代の人口構成，家族構成，日常生活の様子などから，昔と今で人との関わりがどのように変化したか，またどのような特徴があるのかということについて学びましょう。

③ 　現代の人間関係の特徴から保育の現場において何が課題となっているのか考えましょう。

　現代の人間関係の特徴から，乳幼児期を過ごす保育施設はどのような役割を担うのか理解しましょう。また保育施設における課題について考えてみましょう。

第1節　人間関係とは

（1）人との関係の中での「自分」

　皆さんの1日の生活を振り返りながら人間関係について考えてみましょう。例えばこんな1日が考えられるでしょう。

　朝に起床したらお母さんが作ってくれた朝ごはんが準備されていました。高校生の弟と一緒に昨日のテレビ番組のことを話しながら朝食を食べました。朝食を食べ終わると，満員電車に45分揺られながら学校に登校します。午前中に2時間の授業を受け，クラスメートと学生食堂で昼食を食べ午後の授業に出席しました。夕方から2時間バスケットボールサークルの練習に参加し，その後，飲食店でのアルバイトに向かいました。アルバイト後に帰宅すると，お父さんが遅めの晩御飯を食べていました。「ただいま」とあいさつをして，自分の部屋に向かいました。

　例を自分のことと捉え，「自分」という存在について考えてみましょう。例えば，お母さんやお父さんにとってあなたは息子あるいは娘です。弟にとっては兄あるいは姉となるでしょう。満員電車の中では乗客の一人ですし，学校では学生として授業を受け，クラスメートやサークルのメンバーにとってあなたは友人となります。アルバイト先の飲食店では，従業員として後輩であると同時に，お客さんにとっては店員となります。このように「自分」とは様々な人との関係の重なりとして存在しているということがわかります。

　続いて，人との関係に関連する行為について例をもとに見ていきましょう。朝，あまり食欲がないからといって，朝食のお皿を突然ひっくり返すことはないでしょう。また，満員電車の中，車両に響き渡るような大声で歌うこともなければ，学校での講義中に一人で教室内を走り回ることはないと思います。このように私たちは人との関係の中で，自分はどのようにふるまうべきかということを身につけ，自然に行為として実行しています。

　例でみてきたように社会の成員それぞれが，自らの置かれた立場，状況を理解し行動するからこそ社会の秩序が保たれているのです。それではこうした力は生まれながらにして誰にでも備わっているのでしょうか。答えは否です。国や文化によって人との関わり方が少しずつ異なるように，子どもたちは成長過程において，生活する環境の中で人との多様な関わりを通しながら，人との関わり方を次第に身につけていくのです。

　心身共に大きな成長を遂げる乳幼児期は，自己を確立し，他者との関わる力を身につけるために重要な時期となります。乳幼児期の保育に携わる私たちは，この時期の重要性を理解し，子どもたちと関わっていくことがとても大切になってくるでしょう。

（2）保育者としての人間関係

①　保育者同士の人間関係

　このテキストでは主に保育現場における子どもの人間関係の育ちとそこでの保育者の援助および保育現場における人間関係について取り上げていきます。前述したとおり日常の生活が様々な人との関係の中にあるのと同様に，保育の現場も様々な人間関係の中にあります。ここでは同じ場で保育を営む者としての保育者の人間関係について例をあげ，人間関係が持つ特徴についてみなさんと考えてみたいと思います。

エピソード1-1　気にはなっていたのだけれど…

　A園では5年目の保育者Bと1年目の新人保育者Cの2名で3歳児クラスを担当しています。保育室には保育者が選んだ玩具が棚に置いてあり，子どもたちは棚に置いてある玩具の中から好きな玩具を自分で選び，遊び始めます。

　ある日アツシは，自動車の玩具を棚から取り出し，道路の描かれているマットの上にびっしりと並べます。たくさんの自動車の玩具が並べてあるため，せっかく道路が描かれているにも関わらず，道路を走らせて遊ぶこ

とができません。すべての自動車の玩具（全部で50台ほど）を並べ終わると，飽きてしまったのかたくさんの自動車をそのままにして他の遊びに移っていきます。

その日の保育後の研修会において，研修講師が車の玩具の数が多すぎることを指摘しました。クラスの人数が25名であるのに対し，車の玩具は倍以上の数があること，同じ種類の車（例えば救急車）の数が10台もあること。そして車を並べて満足してしまうから，車の玩具を使った遊びに発展性がないのではないかと感想を伝えました。

すると子どもの遊びの様子を見ていた保育者Cが「少し前から車の玩具が多すぎることが気になっていたのだけれど・・・」と話します。

保育の現場では，1クラスを複数の保育者で担当することが多くあります。エピソード1－1は複数の保育者でクラス担任を持ったときに生じやすい出来事であるといえます。複数でクラスの担任をすることの利点は，1人担任の時よりもより細やかに子どもに対応できること，複数の目で状況を捉えることができることなどがあげられるでしょう。そして新人保育者にとっては，先輩保育者の保育実践を見ながら実践について学んでいくことができます。しかし，この先輩，後輩という人間関係は時として複数担任の良さを軽減させてしまいます。保育者Cは少し前から，自動車の玩具が多すぎることが気になっていましたが，保育者Bが準備した環境構成であるので言い出せずにいたのです。経験年数の差はありますが，保育者Bも保育者Cも同じクラスの担任です。先輩，後輩といった枠を超え，保育者としてクラスの子どもたちの育ちを第一に考えながら協力して保育に取り組んでいく姿勢が大切になってくるでしょう。

②　保育者と子どもの人間関係

エピソード 1-2　「大工さんになる！」（5歳児）

　　K幼稚園の園庭にある遊具は，すべて手作りです。園庭の中心にある大きなさくらの木を中心として作られているツリーハウスは子どもたちに大人気。子どもたちが元気に遊ぶ中，5歳児のクラス担任ヨシノブ先生は，長いはしごを桜の木に立てかけて，はがれかけたツリーハウスの塗料を塗り直しています。

　ある日，将来何になりたいかをみんなで話していたとき，5歳児のショウが言います。「ぼく，ヨシノブ先生みたいに大工さんになる！」（もちろん5歳児担任のヨシノブ先生は大工さんではありません。）

　普段，K幼稚園での担任保育者とクラスの子どもの関係は，保育する者（保育者）と保育される者（子ども）の関係であるといえます。では，エピソード1－2にあるヨシノブ先生とショウの関係はどうでしょうか。大工仕事をしているヨシノブ先生はショウの憧れの存在であることが発言からわかります。ショウのように子どもたちは保育者の言動をよく見ています。保育者は保育をするために子どもたちをしっかり見ますが，同時に子どもたちから見られています。つまり，保育者は「見られる存在」として子どもの育ちにおいて重要な環境の1つとなります。

　エピソード1－1やエピソード1－2で見てきたように，人と人との関係とは先輩―後輩，保育する者―保育される者というように，同じ人と人の関係でも常に固定されたものではありません。状況に応じて揺れ動きながら変化する，これが人間関係の特徴の1つであるといえるでしょう。

第2節　子どもを取り巻く環境の変化

　近年，私たちの生活している生活環境の変化は目覚ましく，この変化は子ど
もたちの育ちに大きな影響を与えています。本節では環境の変化の中でも人と
の関わりに関連する変化についてとりあげ，考えていきたいと思います。

（1）人口構造の変化

　日本の人口構造はこの数十年で大きく変化しました。図表1 - 1を見てみま
しょう。折れ線の値は年少（0～14歳）の人口割合の推移を示しています。1970
年代に全人口に対する年少人口の割合が全体の4分の1程度に当たる24.0％で
あったのに対し，2020年には12.0％と予測されており半分になっていることが
わかります。一方で65歳以上の割合は1970年に7％であったのに対し，2018
年には28.1％となりかなり増加していることがわかります。このように50年ほ
どの間に日本の人口構造は大きく変化し，今後も同様の変化が続いていくこと
が予測されています。

　人口構造の変化は子どもの生活にどのような影響をもたらしたでしょうか。
50年ほど前は学校から下校すると近所の空き地や路地，公園などに友達と集まっ
て遊んでいました。現在はどうでしょうか。空き地の減少などから子どもたち
が安全に遊べる場所が少なくなっているといわれています。さらに遊んでいる
「子どもの声がうるさい」という理由などから，遊び時間や遊びの内容が制限さ
れている公園も少なくありません。このように人口構造の変化によって，大人
の生活環境が優先されるようになり，子どもの遊び環境は影響を受けていると
いえるでしょう。

　続いて，子どもたちの友達づきあいについて考えてみたいと思います。杉森
(2017) らは，1983年と2016年に小学生に対して友達づきあいについて調査を
しています。その結果，放課後に友達と家に帰ってから一緒に遊んだり，宿題や
勉強をしたりするかという質問に対して，「ほとんどない」と回答した割合が顕
著に増えている[※1)] としています。また，放課後の遊び相手の中に「年下の子」

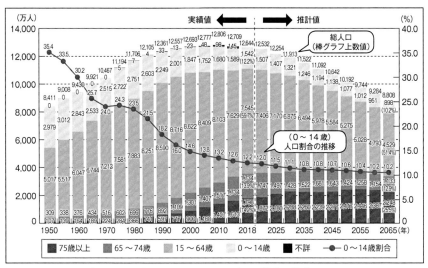

図表1－1　我が国の総人口および人口構造の推移と見通し

出所：『少子化社会対策白書』，2頁。

や「年上の子」が1人もいないのは，2016年の調査時に年下で5割強，年上で6割強となっており，1983年と比較し顕著に増えている[※2]としています。子どもたちの友達との遊びの変化は，塾や習い事に通うために遊ぶ時間が無くなったことの影響も大きいと思われます。しかしながら，人口に対して子どもの数が減少したことが要因の1つとなっていることが考えられます。

（2）家族構成の変化

子どもたちの人間関係の基盤となる家族構成の変化について見てみましょう。

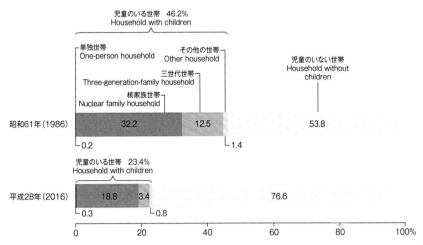

図表1－2　児童の有無別にみた世帯構造別世帯数の構成割合の年次比較（昭和61年，平成 28年）

出所：『グラフでみる世帯の状況―国民生活基礎調査（平成28年）の結果から―』，p.14。

図表1－2は児童（18歳未満の子ども）のいる世帯の世帯構造の変化を示しています。1996年に半数近くあった児童のいる世帯数は2016年には4分の1以下に減少していることがわかります。また3世代世帯つまり親と児童および親の親（児童からすると祖父母にあたる）が同居する世帯が全体の12.5％から3.4％へとその割合が3分の1程度に減少しています。

続いて児童のいる家庭の子どもの数について図表1－3から考えてみたいと思います。1986年には児童のいる世帯の平均児童数は1.83人となっており，児童2人の世帯の割合が一番高くなっていました。2001年になると児童1人の世帯と児童2人の世帯の割合がほぼ同じとなり，2007年以降には児童1人の世帯が一番高い割合となっています。

図表1－2や図表1－3からこの30年間で世帯構造が大きく変化したことが

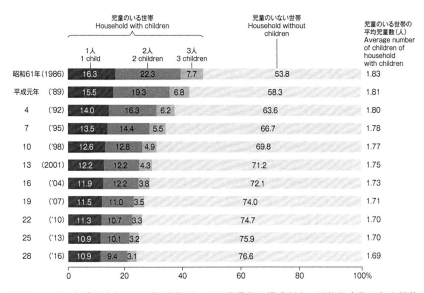

図表 1 － 3　児童の有無および児童数別にみた世帯数の構成割合・平均児童数の年次推移
出所：『グラフでみる世帯の状況―国民生活基礎調査（平成 28 年）の結果から―』，p.14。

わかります。児童のいる家庭自体が大幅に減少していますが，児童がいる家庭
においても保護者と子ども 1 人という家庭が一番多くを占めています。これは
家庭内において子どもが関わりを持つ人が保護者だけであるということを示し
ています。また，男性の長時間労働が問題とされている日本において，6 歳未
満の子を持つ男性が家事・育児に費やす時間は 2016 年で 1 日当たり 83 分とさ
れています。近年，増加傾向にあるとのことですが，先進国において最低水準
であるとされています。

（3）地域社会の変化

　昔は隣近所のつきあいや地域における子ども会などがあり，地域の子どもた
ちの成長を地域の大人たちが見守る地域コミュニティがありました。こうした
地域コミュニティにおいて，子どもたちは異年齢の子ども達と関わったり，親
以外の大人と関わったりする機会を持つことができました。近年，特にサラリー

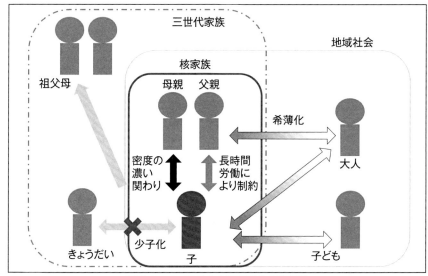

図表1－4　子どもを取り巻く人間関係

マン家庭が多い都市部においては，大人たちが地域にいる時間が少ないため，近所づきあいが希薄化していることが報告されています。また都市部に多いマンションなどの集合住宅では，隣の部屋に住む住人を知らないこともあります。地域によって差はありますが，地域社会において子どもたちが多様な人々と関わる機会は以前より減少しているといえます。

　人口構成や家族構成，地域社会の点から，現代の子どもを取り巻く人間関係の特徴を図式化してみたいと思います。図表1－4を見てみましょう。

　図における矢印の色の濃淡は，関係の濃さを示しています。3世代家族の減少や，地域の人たちと関わりが減少したり希薄化したことにより，人との関わりの空間が家庭内へと限定的になっていることがわかります。そして，父親が育児に関われないことから，母親と子の関わりがとても濃密になっています。このような限定的な人間関係は，母親の過干渉など子どもの育ちにおいて問題となることが考えられます。また閉じられた関係における閉塞感により母親が育児不安になること，それが虐待へとつながっていく可能性があることなどか

ら，母親の子育ての観点からも問題視されています。

（4）機械化および情報化

　日常生活の機械化や情報化によって人々の生活は大きく変化しました。ほうきで掃いたり，雑巾掛けをしていた掃除も，ボタン1つでロボットが行ってくれます。自動調理器は材料を入れてスタートボタンを押せば，おいしい料理を完成させます。このようにあらゆるものの機械化によって，人々の日常生活は省力化され便利になっています。しかし，乳幼児期に大切であるとされている直接体験や掃除や調理といった行為そのものを目にする機会は，機械化によってどんどん奪われているといってよいでしょう。

　近年の情報環境の発展は目覚ましいものがあります。それにより，他者への意思伝達の手段も以前と比較し大きく変化しました。かつては離れた場所の人に連絡を取りたい場合，手紙や電話といった手段を利用していました。現代では時間や場所を問わず瞬時に伝達が可能となるインターネット回線を利用した電子メールやソーシャルネットワークサービス（SNS）を利用する機会が増加しています。2016年に内閣府が15歳〜29歳までの男女に調査を実施したところ，他者と関わる際のインターネットの活用について61.3％が率直に話ができるので便利，70.7％が情報発信・収集の手段として活用できるとする一方で，68.8％が自分や相手の気持ちが伝わりづらいと考えていることがわかりました。このように情報環境の発展により便利になった面もありますが，人間関係の基盤となる人と人が対面あるいは肉声にて自らの気持ちや考えのやりとりをする機会は減少しているといえるでしょう。

　2015年の総務省情報通信政策所の調査によると，0歳児の10.5％，2歳児になると31.4％，4歳児になると41.4％が情報機器の端末（スマートフォン，タブレット型端末，ノートPC等）を利用している（保護者が見せたり使わせたりしている場合を含む）としています。この結果は私たちが想像している以上に情報機器が生活の中に取り込まれており，子どもたちはかなり早い時期からあたりまえのこととして情報機器に接する時代になってきていることを示しています。情報機器

には多くの可能性があり，それを活用すれば店員さんとのやりとりをすることなく買い物ができ，買った商品が自宅のポストまで届くといった便利な時代になりました。人との関わりも省力化される時代になっています。私たちはこうした時代背景を考慮し，保育の現場において子どもの育ちに何が重要なのかということを考えていかなければなりません。

第3節　保育施設における課題

（1）友達との関わりの中で

　人は出生時から様々な人と出会い，人と関わりながら社会生活を営んでいきます。近年，学校や職場などでうまく人間関係が築けず，不登校になったりひきこもりの状態になる若者の増加が社会の問題となっています。「人とどのように関わっていったらよいか」ということは，実際に人との関わりを体験することなしには学ぶことができません。しかし前節でみてきたように，現代の子どもは日常生活において多様な人と関わりを持つ機会が以前より減少しています。乳幼児期は人との関わりの育ちの基盤となるとても大切な時期となります。保育現場は，子どもたちが様々な人と関わりながら人との関わり方を学ぶ機会を保障することが重要となるでしょう。

エピソード 1-3 ─一緒でうれしいね（2歳児）[※3]─

　2歳児クラスでは遊戯室に行く前に2人で手をつなぎ，列になって移動をすることになっています。午後おやつを食べ終えた子どもから，保育者のところに集まり，順番に手をつないでいきます。アヤとハルマは生活のグループが異なるため，遊びの時間もほとんど関わりを持つことはありませんが，隣同士になったためアヤがハルマの手を握ります。ハルマが少しびっくりしたように握られた手を上にあげて振りほどきます。保育者が「ハルマくんどうしたの？　遊戯室に行くときは手をつないで行くお約束だよね。」と言うと，ハルマは黙って前を向いています。アヤがもう一度，ハル

マの手を握ると，ハルマは少し嫌そうな顔をして，手をつないだまま前を向いています。保育者が「一緒でうれしいね！仲良しだね！」と言うと，アヤとハルマがお互いの顔を見て，笑い合います。アヤが「一緒だね」と笑顔で言うと，ハルマが「一緒！」とうれしそうに答えます。

　遊戯室に行くとアヤとハルマが一緒にかけっこをしたり，大きなソフトブロックを使って遊びます。そして，遊戯室から保育室に帰る時には，アヤとハルマが笑顔で手をつなぎ，お互いに何度も「一緒！一緒！」と楽しそうです。その後，アヤとハルマは外遊びや保育室での遊びでも一緒に遊ぶ姿が見られるようになりました。また，「一緒に」という言葉が気に入ったようで，アヤとハルマが「一緒に！」と言いながら一緒に遊ぶ姿が見られるようになりました。

　子どもたちは出生後しばらくの間，1日の大半の時間を家庭で保護者と過ごします。そして保育施設に入園すると保育者や友達をはじめとしたたくさんの他者に出会います。エピソード1－3からは，ハルマがアヤと出会ったときのとまどいを感じとることができます。アヤとハルマが保育者の「一緒でうれしいね！ 仲良しだね！」という一言によって，友達の存在に気づき，友達と関わることの楽しさを経験している様子がわかるでしょう。

　このように保育者に見守られながら安心して園で生活できるようになると，子どもたちは友達との関係を徐々に広げていきます。友達との関わりの中では，楽しいことばかりではなく，意見の食い違いや自分の思い通りにいかないこともたくさん経験します。そしてエピソードにもあるように，他者との生活において守らなければいけないきまりやルールがあることに気付いていきます。保育施設における友達との関わりを通して，子どもたちは「人とどのように関わっていったらよいか」ということを学んでいくのです。

　子どもたちの自立心を育て，人と関わる力を養うために，保育者は子どもの発達をしっかり理解し，その発達にあわせて保育を組み立てると同時に適切な援助をしていくことが大切です。具体的な援助の方法についてはこれからの章

を読み進めてください。

(2) 多様な人との関わりの中で

保育施設での生活において，子どもたちは担任の保育者やクラスメートだけではなく様々な人と出会います。そしてそれぞれの場面において人との関わりを経験します。

エピソード 1-4 お店屋さんごっこをします（5歳児）

5歳児のゾウ組は，水曜日にホールでお店屋さんごっこをすることになりました。売り物の商品を作り終えたので，案内のポスターを書き，担当を決めて年少のクラスにお知らせに行くことにしました。1歳児のリス組にお知らせに行くのは，ミサキとサクラとヨシキ。担任の先生のアドバイスを受け，ポスターではなく商品のおもちゃを持っていくことにしました。

3人はおもちゃを手に持ってリス組に向かいます。リス組の保育室に入ると，遊んでいる1歳児の子どもたちに向かって3人で声を合わせて「○月○日ホールでお店屋さんごっこをします。来てください。」とおもちゃを手に一気に言い切りました。リス組の子どもたちは遊びを中断し，突然現れた3人の5歳児の顔をじっと見つめています。

ミサキはリス組の子たちに通じていないことに気付き，保育室の奥にいる担任の保育者に声を掛けます。「田中せんせーい，○月○日にホールでお店屋さんごっこやるから来てください。」田中先生は「わかった。リス組のみんなで行くね。」と答えます。

きょうだいや隣近所の子どもの数が少ない現在は，子どもが自分より年下や年上の子どもと関わる機会は極めて少ないといえます。保育施設においては，年齢の異なる子どもたちが同時に在籍していることから，生活のあらゆる場面で異年齢の子どもとの関わりが創出されます。エピソード1－4のミサキたちは年下のきょうだいがいません。1歳児への伝え方のヒントとして担任の先生

から商品のおもちゃを持っていくようにアドバイスを受けましたが，ミサキたちの言葉は 1 歳児の子どもたちに届かなかったようです。エピソードにあるように試行錯誤しながら年下の子どもたちと関わる経験を通して，年齢の異なる人との関わりについて学んでいきます。

　異年齢児と関わることは，年長児には自分より年少児に対する思いやりの気持ちが，年少児には年長児に対する憧れの気持ちが育つ貴重な体験であるといえます。異年齢の子どもと関わる経験が少ない現代だからこそ，保育施設という特徴を生かし，クラスや年齢だけに縛られない保育を工夫していくことが重要になってくるでしょう。

【注】

※ 1 ）杉森らの調査によれば 1983 年と 2016 年の調査において友達と遊ぶことがほとんどないと回答した男子は 31.5％から 43.9％に，女子は 30.2％から 45.4％に増加しています。

※ 2 ）杉森らの調査によれば，1983 年と 2016 年の調査において年下の遊び相手が「1 人もいない」と回答した男子は 37.6％から 55.3％に，女子は 34.2％から 53.6％に増加しました。また年上の遊び相手が「1 人もいない」と回答した男子は 9.1％から 62.3％に，女子は 6.3％から 66.9％に顕著に増加しています。

※ 3 ）エピソードは茨城大学教育学部附属幼稚園の小野貴之氏に提供いただきました。

・・・・・・・・・・・・・・・・・・・引用・参考文献・・・・・・・・・・・・・・・・・・・

小川博久『保育者養成論』萌文書林，2013 年。

「少子化社会対策白書（令和元年版）」内閣府，2019 年。

「グラフでみる世帯の状況―国民生活基礎調査（平成 28 年）の結果から―」厚生労働省政策統括官（統計・情報政策担当），2018 年。

杉森伸吉・曹　蓮　「33 年前と今の子どもの友だちづきあい」『児童心理』No.1039，2017 年。

「平成 29 年度版子供・若者白書」内閣府，2017 年。

「未就学児等の ICT 利活用に係る保護者の意識に関する調査報告（概要版）」総務省情報通信政策研究所，2015 年。

第1章　確認問題

1．現代の乳幼児を取り巻く人間関係の特徴について簡単に文章でまとめましょう。

2．1の特徴から保育施設において大切にしたいことを考えてみましょう。

第2章
保育の基本と領域「人間関係」

本章のねらい

　子どもは保育者や友達など人と関わる体験を通して人との関わり方について学び成長していきます。幼稚園教育要領，保育所保育指針等には，子どもたちの生活全般を通して，小学校の就学前の子どもの姿である「幼児期の終わりまでに育ってほしい姿」が示されています。そして，子どもたちの生活する姿を発達の側面から捉える視点として5つの領域（健康・人間関係・環境・言葉・表現）があります。

　本章では，日々の保育における基本的な考え方について学んでいきます。また保育における5つの領域およびその中の1つ，このテキストのテーマである領域「人間関係」についてくわしく学んでいきます。

① 「保育」とはどのような営みなのか学びましょう。
　幼稚園や保育所において日々展開されている「保育」について学ぶとともに，そこで大切にされていることについて理解しましょう。
② 保育内容について学びましょう。
　「育みたい資質・能力」「幼児期の終わりまでに育ってほしい姿」および幼児を捉える視点としての5つの領域について学びましょう。またそれぞれの関連について理解を深めましょう。
③ 領域「人間関係」について学びましょう。
　乳児期の発達における視点および領域「人間関係」のねらいおよび内容について学び理解しましょう。

第1節　保育とはどのような営みか

（1）保育とは

　本書は，保育現場で働く保育者や将来，保育現場で働きたいと考えている保育者養成校の学生，および子育てに興味を持つ人が「保育」についての学びを深めることを目的としています。そこでまず，本書でとりあげる「保育」とはどのような営みなのかを考えてみたいと思います。

　保育という語の語源は，大人が乳幼児を保護し育てることにあります。つまり家庭において家族が子育てをする場合においても，家庭外の保育施設で保育者が子育てをする場合においても子どもを保護し，育てる場合において"保育をする"ということができます。しかし，一般的には家庭における子育てを育児，保育施設などで子育てにあたる場合を保育としています。それでは，幼稚園や保育所では「保育」をどのように捉えているのでしょうか。

　例えば学校教育法[*1)]の第三章，第二十二条において「幼稚園は，義務教育及びその後の教育の基礎を培うものとして，幼児を保育し，幼児の健やかな成長のために適当な環境を与えて，その心身の発達を助長することを目的とする。」（傍線筆者）としています。そして幼稚園教育要領[*2)]においては，「幼児期の教育は，生涯にわたる人格形成の基礎を培う重要なものであり，幼稚園教育は，（中略）幼児期の特性を踏まえ，環境を通して行うものであることを基本とする」としています。また，保育所保育指針[*3)]においては，保育所の役割を「保育を必要とする子どもの保育を行い，その健全な心身の発達を図ること」とし，「その目的を達成するために，保育に関する専門性を有する職員が，家庭との緊密な連携の下に，子どもの状況や発達過程を踏まえ，保育所における環境を通して，養護及び教育を一体的に行うこと」（傍線筆者）が保育所の特性であるとしています。

　このように幼稚園や保育所においては，保育の専門性を有する保育者による保育を通して子どもの心身の発達を図ることが目的として掲げられているといえます。そしてそこでいう「保育」とは，保育者が子どもたちのために適当な

環境を構成したり援助*4)をしたりすることにより，活動が豊かに展開されることを通して，子どもが健やかに成長できるようにすることであるといえるでしょう。本書では，子どもたちの保育場面におけるエピソードをもとにしながら，様々な側面から「保育」について具体的に学んでいきます。

（2）保育において大切にしていること

　幼稚園や保育所，認定こども園は教育の基礎を培うところです。教育とは「教え育てること」*5)とありますが，その方法論は小学校以上の教育と異なるといえるでしょう。前述したように「環境を通して」行われるのが保育施設における教育すなわち保育です。

　子どもたちの遊びからこのことについて考えてみたいと思います。幼稚園教育要領では，「幼児の自発的な活動としての遊びは，心身の調和のとれた発達を培う重要な学習である」とし「遊びを通しての指導を中心」として行うこととしています。つまり，子どもの「遊び」を「環境を通して」行えるようにすることが保育において大切であるといえます。子どもたちの遊びの様子を見てみましょう。

エピソード2-1 『お茶作りから，お店屋さん』（4歳児）

　畑付近を散歩中，ホノ，マイカが，「これはお茶の葉っぱなんだよ」「これを，するとお茶が出るんだよ」と，お茶の葉っぱを発見します。ちょうど，部屋にすり鉢があったのを思い出し，「すり鉢があるよ」と保育者が提案すると，「やるやる！」とのことで，お茶作りが始まりました。
　保育者が園庭に机を設置してホノたちがお茶作りを行っていると，ハルやユウタもやってきました。ユウタが，葉っぱを丸ごとすり鉢に入れ「なかなか（色が）出ないな〜」とつぶやくと，すかさずマイカが「小さくちぎっ

て入れた方がいいよ」とアドバイスします。教えたもらったユウタは,「ほんとだ!」とキレイな緑色が現れ,嬉しそうです。この4人はふだんいつも一緒に遊ぶ関係ではありませんが,面白い遊びを通して,新しい仲間と関わりが出てきました。

　翌日,朝から「お茶の続きをやろう!」と園庭に向かっていったホノと

マイカ。ユウタも登園すると園庭に向かっていきます。昨日のようにお茶を作り,今日はペットボトルに入れることにします。すると,ユウタが「お店屋さん,やらない?」と遊びを提案し,「お茶屋さん」を開店することになりました。

　ちょうど園庭に家を作って遊んでいた男の子たちが,「お茶屋さんの家を作ってあげようか!」とスダレを上から吊るしたり,「ここに座ってお茶を飲めるようにするのは?」とベンチを運んできてくれました。遊びと遊びがつながり,お店屋さんが展開していきました。

　お茶の葉っぱを見つけたホノとマイカ,保育者の「すり鉢あるよ」という提案でお茶遊びが始まりました。すり鉢というモノの存在が,子どもの遊びを豊かにするきっかけとなっているといえるでしょう。園庭に設置した机で展開される遊びは,園庭で遊んでいる子どもたちの目を惹きます。そこはいつもとは違う仲間と遊びを共有する場となりました。また,ペットボトルやスダレやベンチは,子どもたちのこうしたい,ああしたいといった遊びのイメージを実現し,遊びをより豊かに展開させます。エピソード2-1にあるように,モノや空間や保育者そして友達に触発され,子どもがそれらと関わり合いながら展開される生活を「環境を通した」保育といいます。保育者は子どもたちの遊びの展開を見通しながら,モノを準備したり場を構成したり,適切な援助をすることが大切になってきます。

　幼稚園教育要領解説書では，環境を通した保育においては子どもたちの生活
を大切にしなければならないとしています。そのため，友達と関わり合いながら，
興味や関心に基づいた直接的な体験が得られるような「幼児期にふさわしい生
活が展開されるようにすること」や，「遊びを通しての総合的な指導が行われる
ようにすること」，子どもの発達や内面を理解しながら「一人一人の特性に応じ
た指導が行われるようにすること」の3点を重視する事項として挙げています。

第2節　育みたい資質・能力及び幼児期の終わりまでに育ってほしい姿

　情報化社会に伴い，あらゆる情報が誰でも瞬時に入手できるようになりまし
た。そのため，教育の現場においても教育に対する問いが「何を知っているか」
から「何を理解しているか」へ，「個別の知識・技能」から『生きて働く「知識・
技能」』へ，つまりは「どのような問題解決を現に成し遂げるか」に変化 [1] し
たとしています。
　そして 2017（平成 29）年に告示された小学校学習指導要領[*6] 第1章総則には
育成を目指す資質・能力として以下のように示されています。

図表2－1　育成すべき資質・能力

（1）知識及び技能が習得されるようにすること
（2）思考力，判断力，表現力等を育成すること
（3）学びに向かう力，人間性等を涵養すること

　同じく 2017（平成 29）年の幼稚園教育要領，保育所保育指針，幼保連携型認定
こども園教育・保育要領の改正においては，各施設において育みたい資質・能
力及び「幼児期の終わりまでに育ってほしい姿」[*7] として新しい項が加わりま
した。

図表2－2　幼児教育において育みたい資質・能力

（1）豊かな体験を通じて，感じたり，気付いたり，分かったりできるようになったりする「知識及び技能の基礎」
（2）気付いたことや，できるようになったことなどを使い，考えたり，試したり，工夫したり，表現したりする「思考力，判断力，表現力等の基礎」
（3）心情，意欲，態度が育つ中で，よりよい生活を営もうとする「学びに向かう力，人間性等」

　学習指導要領と幼稚園教育要領等を比較するとわかるように，幼児期に身に付けたことが小学校以上の教育へとつながっていくことがイメージできると思います。
　そして幼稚園教育要領等には図表2－2（1）〜（3）の資質・能力が育まれている子どもの小学校就学時における具体的な姿であり，保育者が指導を行う際に考慮するものとして以下，幼児期の終わりまでに育ってほしい姿が示されました。

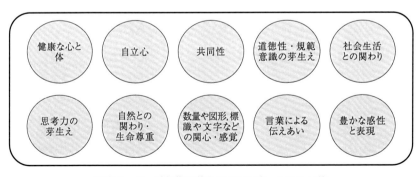

図表2－3　幼児期の終わりまでに育ってほしい姿

　実際の子どもたちの日々の姿から，具体的に資質・能力が育まれるということについて考えてみましょう。

エピソード2-2　『仲間と試行錯誤』（4歳児）

　2学期から転入してきたリョウが，空き箱で車を作りました。ストローにキャップをくっつけてタイヤを作りましたが，あまりしっくりきていない様子です。帰りの会で，そのことを話題にすると，「キャップに穴を開けて，棒に刺すといいよ！」と教えてもらい，数人の仲間が教えてくれることになりました。

　木曜日，リョウとアキヒト，ミナコが車を作ると，3人で園庭に車を持って走らせにいきました。すると，その姿を見て興味を持った子たちがたくさん集まってきたので，園庭での車作りが始まりました。

　完成すると，いつも遊んでいる"雨どい"を使って「ピタゴラスイッチでもできそうじゃん！」「山から走らせてもいいかも！」と園庭の色々な所で走らせてみます。

　エピソードからは，空き箱で車を作りながら，どうしたら車のタイヤを車体につけることができるか試行錯誤をしたり，どこで作った車を走らせたら面白いか（思考力の芽生え）など仲間と工夫をしたりする子どもたちの姿が見られます。保育者が，リョウが車づくりで悩んでいる姿を帰りの会で取り上げたことをきっかけに，友達がどうしたらよいかという考えを伝え，次の日の遊びへとつながっていきました。遊びの中では，お互いの考えを伝えあったり，一緒に考えたり工夫したりしながら（協同性）遊びをよりおもしろいものへしていこうとする様子が読み取れます。

　幼稚園教育要領や保育所保育指針等では，上記で示した幼児期の終わりまでに育ってほしい姿について具体的に次のように述べています。例えば，思考力の芽生えについては「身近な事象に積極的に関わる中で，物の性質や仕組みなどを感じ取ったり，気付いたりし，考えたり，予測したり，工夫したりするなど，多様な関わりを楽しむようになる。また，友達の様々な考えに触れる中で，自

分と異なる考えがあることに気付き，自ら判断したり，考え直したりするなど，新しい考え方を生み出す喜びを味わいながら，自分の考えをよりよいものにするようになる。」としています。また協同性については「友達と関わる中で，互いの思いや考えなどを共有し，共通の目的の実現に向けて，考えたり，工夫したり，協力したりし，充実感をもってやり遂げるようになる。」とあります。エピソード2－2からは，日々の遊びの中で子どもたちの思考力や協同性が育っている様子が読み取れると思います。

　ここで示した幼児期の終わりまでに育ってほしい姿は，小学校就学時までに達成すべき目標ではありません。遊びを通した総合的な指導の中で育まれている子どもたちの資質・能力を捉える視点となります。幼稚園や保育所，認定こども園といった施設の形態を問わず，すべての園においてこの幼児期の終わりまでに育ってほしい姿を念頭に保育の充実を図っていくことが求められています。

第3節　保育内容と領域「人間関係」

（1）保育内容におけるねらい及び内容
①　3歳以上児におけるねらい及び内容

　幼児期の保育において，育みたい資質・能力を幼児の生活する姿から捉えたものを「ねらい」とし，それを達成するために子どもの実情をふまえながら援助し，子どもたち自ら環境に関わり身に付けていくことが望まれるものを「内容」といいます。そしてこの「ねらい」と「内容」を子どもの発達の側面からまとめたものとして，幼稚園教育要領，保育所保育指針等では次の5つの領域を編成しています。

- ・　心身の健康に関する領域「健康」
- ・　人との関わりに関する領域「人間関係」

- ・　身近な環境との関わりに関する領域「環境」
- ・　言葉の獲得に関する領域「言葉」
- ・　感性と表現に関する領域「表現」

　この領域とは，子どもの発達の側面を子どもが生活する姿からまとめたものであるため，あらかじめ枠組みを設定している小学校以上の教科とは異なるとともに，それと直接結びつくものではないということに注意が必要となります。例えば小学校の学習指導要領では，国語の目標の 1 つとして「日常生活に必要な国語について，その特質を理解し適切に使うことができるようにする。」とあります。これは国語という時間の中で，教科書を用い，教師の指導により子どもが身に付けることとなります。

　一方で領域の「言葉」はどうでしょうか。「言葉」のねらいの 1 つに「人の言葉や話などをよく聞き，自分の経験したことや考えたことを話し，伝えあう喜びを味わう。」とあります。これは遊びを中心とした子どもたちの生活の全体を通して，言葉を使った体験を重ねることであるといえます。そして子どもの遊びや生活とは，1 つの領域に特化したものではなく，様々な領域の要素を総合的に含んだものです。幼稚園教育要領には，各領域のねらいについて「幼稚園における生活の全体を通じ，幼児が様々な体験を積み重ねる中で相互に関連をもちながら次第に達成に向かうものであること」と示されています。各領域に示されているような子どもの育ちの方向性であるねらいに基づく生活の中で，様々な経験を積み重ねることによって，前述したような幼児期の終わりまでに育ってほしい姿が子どもたちに現れてくるのです。

②　領域「人間関係」におけるねらい及び内容

　本書の中心となる人との関わりに関する領域「人間関係」についてみてみましょう。他の人々と親しみ，支え合って生活するために，自立心を育て，人と関わる力を養うという目標に向け，次の 3 つのねらいと 13 の内容が示されています。

図表２－４　領域「人間関係」のねらい及び内容

ねらい	内容
(1) 幼稚園（保育所の）生活を楽しみ，自分の力で行動することの充実感を味わう。	(1) 先生（保育士等）や友達と共に過ごすことの喜びを味わう。 (2) 自分で考え，自分で行動する。 (3) 自分でできることは自分でする。 (4) いろいろな遊びを楽しみながら物事をやり遂げようとする気持ちをもつ。 (5) 友達と積極的に関わりながら喜びや悲しみを共感し合う。
(2) 身近な人と親しみ，関わりを深め，工夫したり，協力したりして一緒に活動する楽しさを味わい愛情や信頼感をもつ。	(6) 自分の思ったことを相手に伝え，相手の思っていることに気付く。 (7) 友達のよさに気付き，一緒に活動する楽しさを味わう。 (8) 友達と楽しく活動する中で，共通の目的を見いだし，工夫したり，協力したりなどする。 (9) よいことや悪いことがあることに気付き，考えながら行動する (10) 友達との関わりを深め，思いやりをもつ。
(3) 社会生活における望ましい習慣や態度を身に付ける。	(11) 友達と楽しく生活する中できまりの大切さに気付き，守ろうとする。 (12) 共同の遊具や用具を大切にし，皆で使う。 (13) 高齢者をはじめ地域の人々などの自分の生活に関係の深いいろいろな人に親しみをもつ。

　エピソード２－２から領域「人間関係」のねらいと内容について考えてみましょう。２学期から転入してきたリョウはまだ園の生活に慣れていません。友達にアドバイスを受けながら，自分の車を作り上げ，友達と工夫したり協力したりしながら遊ぶ様子がわかります。ねらい（１）のように身近な人と関わりを深めながら充実した園生活が送れるようになってきていることが読み取れます。

（２）乳児期および１歳以上３歳未満児におけるねらい及び内容
① 乳児保育におけるねらい及び内容

　誕生してすぐの赤ちゃんは，自らの意思で動いたり移動したり，言葉を使って欲求を伝えたりすることができません。生後１年間で運動機能が発達し，身近な大人との信頼感を基盤として，自分の意思で移動できるようになるとともに，泣きや表情だけでなく，身振りや発声により自分の意思を伝えようとするようになります。このように乳児期の子どもは著しい発達を見せるとともに，その後の育ちの基礎となる重要な時期となります。そこで2017（平成29）年の

保育所保育指針の改定においては，乳児期および1歳以上3歳未満の保育の内容が加えられました。

　乳児においては，心身の様々な機能が未熟であると同時に，発達の諸側面が互いに密接な関連を持ち，未分化な状態 (2) です。そのため以下の3つの視点からねらい及び内容がまとめられています。

　　身体的発達に関する視点　　「健やかに伸び伸びと育つ」
　　社会的発達に関する視点　　「身近な人と気持ちが通じ合う」
　　精神的発達に関する視点　　「身近なものと関わり感性が育つ」

　3つの視点の中で，その後の領域「人間関係」と関連の深い「身近な人と気持ちが通じ合う」（受容的・応答的な関わりの下で何かを伝えようとする意欲や身近な大人との信頼関係を育て，人と関わる力の基盤を培う）という視点において3つのねらい及び5つの内容が示されています。

図表2－5　「身近な人と気持ちが通じ合う」のねらい及び内容

ねらい	内容
① 安心できる関係の下で，身近な人と共に過ごす喜びを感じる。	①子どもからの働きかけを踏まえた，応答的な触れ合いや言葉がけによって，欲求が満たされ，安定感をもって過ごす。
	②体の動きや表情，発声，喃語等を優しく受け止めてもらい，保育士等とのやり取りを楽しむ。
② 体の動きや表情，発声により，保育士等と気持ちを通わせようとする。	③生活や遊びの中で，自分の身近な人の存在に気付き，親しみの気持ちを表す。
	④保育士等による語りかけや歌いかけ，発声や喃語等への応答を通じて，言葉の理解や発語の意欲が育つ。
③ 身近な人と親しみ，関わりを深め，愛情や信頼感が芽生える。	⑤温かく，受容的な関わりを通じて，自分を肯定する気持ちが芽生える。

　図表2－5から，乳児期の子どもにとって，温かく受容的にそして応答的に関わる保育者の存在がとても重要であることがわかります。園の生活において子どもたちはまず身近な存在である保育者と気持ちを通わせ，親しみ関わりを深め，それを基盤として次第に人との関わりを広げていきます。

28 ●

② 1歳以上3歳未満児の「人間関係」におけるねらい及び内容

1歳以上3歳未満児の保育に関しては，3歳以上児と同様に育みたい資質・能力を3歳未満の子どもの生活する姿から5つの領域とし，他の人々と親しみ，支え合って生活するために，自立心を育て，人と関わる力を養うことを目標としてねらい及び内容がまとめられています。

図表2－6　1歳以上3歳未満児の人間関係のねらい及び内容

ねらい	内容
① 保育所での生活を楽しみ，身近な人と関わる心地よさを感じる。 ② 周囲の子ども等への興味や関心が高まり，関わりをもとうとする。 ③ 保育所の生活の仕方に慣れ，きまりの大切さに気付く。	① 保育士等や周囲の子ども等との安定した関係の中で，共に過ごす心地よさを感じる。 ② 保育士等の受容的・応答的な関わりの中で，欲求を適切に満たし，安定感をもって過ごす。 ③ 身の回りに様々な人がいることに気付き，徐々に他の子どもと関わりをもって遊ぶ。 ④ 保育士等の仲立ちにより，他の子どもと　の関わり方を少しずつ身につける。 ⑤ 保育所の生活の仕方に慣れ，きまりがあることや，その大切さに気付く。 ⑥ 生活や遊びの中で，年長児や保育士等の真似をしたり，ごっこ遊びを楽しんだりする。

最後に領域「人間関係」に関して図表2－5，2－6，2－4の順にねらいを見てみましょう。乳児期から幼児期へとその心情・意欲・態度が変化し，幼児期の終わりまでに育ってほしい姿に近づいていることが読み取れるでしょう。

幼稚園教育要領や保育所保育指針等には，ねらいや内容をもとに保育を行う際の留意事項が内容の取扱いとして示されています。これらも合わせて確認をしておきましょう。

（3）保育のねらいと保育の構造

幼稚園や保育所の1日は，登園から遊び，昼食・・・と連続しています。そして日々の保育も昨日から今日，そして明日へと連続しています。保育者は子どもたちが日々の生活を通して，前節で説明した保育のねらいが達成できるように保育を構想しています。

園には入園から卒園までの子どもたちの道筋を示した教育課程や全体的な計画，それに基づいた具体的な保育の計画である長期指導計画や短期指導計画があります。保育の計画について詳しくは第8章で学習します。ここでは，日々

の保育がどのような構造のもとに進められているのかをエピソードをもとにしながら具体的に考えてみたいと思います。

エピソード2-3 鳥ごっこ（4歳児）

　4歳児クラスに進級し，6月になりました。新しい環境にまだ慣れなかったタエ。安心して遊んで欲しいと，保育者が3歳児クラスの時に好きだった水族館ごっこの遊びをやろうと提案します。すると，「私ね，鳥になりたい！」と近くにあった鳥の図鑑を指差します。保育者と一緒に鳥のお面を作ることになりました。作っている途中で，興味を持ったサエコも一緒に鳥の絵を描いて，お面を作りました。

　「鳥のお家はどこなの？」と，タエに聞いてみると，「外！」ということで，

園庭にゴザを敷いて，鳥のお家を作りました。園庭にお家ができることで，みなの注目を浴び，子どもたちが寄ってきます。サエコが「入る人はお面被らないとダメだよ！」と伝えてくれたことで，鳥ごっこブームがやってきて，毎日遊びが続いていきます。

　進級をして新しい環境に慣れずに遊び始めることができないタエの現在の姿があります（図表2－7①）。保育者は3歳児クラスの時に水族館ごっこを楽しんでいた子どもたちの姿を思い出したのでしょう（図表2－7②→③）。水族館遊びをすることを提案し（図表2－7④），タエの希望で鳥のお面を作り始めます（図表2－7⑤）。保育者は鳥の家があることで遊びが持続するだろうとその後の遊びの展開を予測（図表2－7⑥）して，「鳥のお家はどこなの？」と聞き，園庭に鳥の家を作ります（図表2－7⑦⑧）。子どもたちの目に留まる場所に鳥ごっこの遊びの拠点となる鳥の家ができたことで，友達が加わり，次の日もその次の日も子どもたちの鳥ごっこ遊びが続いていきます。

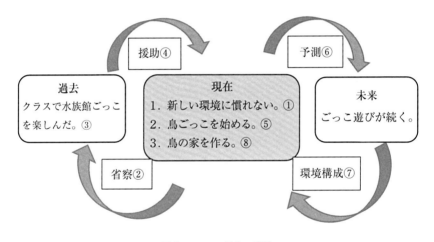

図表2－7　保育の構造

　現在の子どもの姿がどうであるかという『子ども理解』は保育を考える上での基本となります。その上で，図表2－7のように保育者は過去のことを省察しながら子どもに対してどのように援助したらよいかを考え援助をします。そして遊びがどのように展開していくかという未来を予測しながら，環境を構成します。現在の遊びの様子から過去を省察し，それをもとに未来の予測をし保育を計画します。計画に基づいて保育を実践する，これらの繰り返しが日々の

保育であり，日々の保育を通して保育のねらいを達成することが保育の基本構造であるといえます。

【注】

* 1)　学校教育法は 1947 年に教育基本法と同日に施行され，幼稚園，小学校，中学校，高等学校，中等教育学校，特別支援学校，大学及び高等専門学校について，学校および学校の設置者や設置基準などを規定した法律のことをいいます。

* 2)　文部科学省が告示する幼稚園における教育課程の基準のことをいいます。幼稚園教育において育みたい資質・能力を明確化すること，「幼児期の終わりまでに育ってほしい姿」を明確にし小学校との円滑な接続を図ることをねらいとして 2017（平成 29）年 3 月に改訂されました。

* 3)　保育所における保育の内容やこれに関する運営等について定めたもの。1965 年に保育所保育のガイドラインとして制定されましたが，2008 年に厚生労働大臣による告示となり，より規範性を持つ基準としての性格を持つようになり，2017 年に改定されました。

* 4)　ここでいう援助とは，「幼児に対し，どう関わることが可能なのかを見極めた上で，子どもが望ましい状態に達してほしいという大人の願いをもって子どもに関わること。」をさします。小川博久『保育援助論』生活ジャーナル，2000 年，p.24。

* 5)　広辞苑によれば，教育とは教え育てることであり，望ましい知識・技能・規範などの学習を促進する意図的な働きかけの諸活動であるとされています。幼稚園と小学校ではこの意図的な働きかけ方が異なるといえます。

* 6)　小学校学習指導要領とは，文部科学大臣より告示された教育基本法に定められた小学校教育の目的の実現を図るために国が定める教育課程の基準のことをいいます。2017（平成 29）年に改訂されました。

* 7)　育みたい資質・能力及び「幼児期の終わりまでに育ってほしい姿」は，幼稚園教育要領，保育所保育指針，幼保連携型認定こども園教育・保育要領においてすべて共通の内容となっています。

――――――――――――――――――――― 引用文献 ―――――――――――――――

（1）奈須正裕『資質・能力と学びのメカニズム』東洋館出版, 2017 年, p.41。

（2）厚生労働省編「保育所保育指針解説」, 2018 年, p.90。

（3）小川博久『保育援助論』生活ジャーナル, 2000 年, p.24。

・・・・・・・・・・・・・・・・・・・・ 参考文献 ・・・・・・・・・・・・・・・・・・・・

小川博久『保育者養成論』萌文書林, 2013 年。

河邉貴子・赤石元子監修『今日から明日へつながる保育』萌文書林, 2009 年。

鯨岡峻・鯨岡和子『保育のためのエピソード記述入門』ミネルヴァ書房, 2007 年。

平成 28 年中央教育審議会（答申）「幼稚園, 小学校, 中学校, 高等学校及び特別支援学校の
　学習指導要領等の改善及び必要な方策等について」。

第2章　確認問題

1．以下は幼児教育において育みたい資質・能力です。（　　　）に当てはまる語句を記入しましょう。

（1）豊かな（　　　　）を通じて，感じたり，気付いたり，分かったりできるようになったりする「（　　　　）及び技能の基礎」

（2）気付いたことや，できるようになったことなどを使い，考えたり，試したり，工夫したり，表現したりする「（　　　　），判断力，表現力等の基礎」

（3）心情，意欲，態度が育つ中で，よりよい（　　　　）を営もうとする「（　　　　）に向かう力，人間性等」

2．以下は3歳以上児の領域「人間関係」のねらいです。（　　　　）に当てはまる語句を記入しましょう。

（1）幼稚園（保育所の）生活を楽しみ，自分の力で行動することの（　　　　）を味わう。

（2）身近な人と親しみ，関わりを深め，愛情や（　　　　）を持つ。

（3）社会生活における望ましい（　　　　）や（　　　　）を身に付ける。

3．次の文を読み，①〜⑦にあてはまる語句を記入しましょう（同じ番号には同じ語句が入ります）。

（1）「保育」とは保育者が適当な（①）を構成したり（②）をしたりすることにより，子どもたちの活動が豊かに展開されるようにすることをいう。

（2）幼児の自発的な活動としての（③）は，心身の調和のとれた発達を培う重要な（④）である。そのため幼児教育では（③）を通しての指導が中心に行われることが基本となる。

（3）幼稚園教育要領，保育所保育指針，幼保連携型認定こども園保育・教育要

領においては幼児期において，育みたい資質・能力を幼児の生活する姿からとらえたものを（⑤）とし，それを達成するために子どもの実情をふまえながら援助し，子どもたち自ら環境に関わり身に付けていくことが望まれるものを（⑥）という。そしてこれらを子どもの発達の側面からまとめたものとして5つの（⑦）を編成している。

（解答は p.194）

第3章
0・1・2歳児の人間関係の育ちと保育

本章のねらい

　乳児期は人の一生のなかで最もめざましい心身の成長・発達を遂げる時期と言えます。この時期には安全で安心できる環境と，愛情をもって接してくれる大人の存在が非常に大きな意味をもちます。

　保育所や認定こども園は，子どもが初めて経験する社会的な集団の場です。子どもは保育者を心のよりどころとして情緒を安定させて身の回りの世界に関心に広げ，様々な場やモノや人と関わりながら発育・発達していきます。保育者は子どもの身近な愛着の対象となり，ここで経験する人との関わりが子どものその後の人との関わりの基盤となります。

　本章では『保育所保育指針』に基づき，乳児保育および1歳以上3歳未満児の保育の基本について学び，さらにエピソードを通して0・1・2歳児の人間関係の育ちと保育者の関わりについて学んでいきましょう。

① 　乳児保育および1歳以上3歳未満児の保育の基本について理解しましょう。
　保育所保育指針を元に0・1・2歳児の人との関わりに関する保育の大切な要点を押さえます。
② 　人との関わりに関する発達のおおよその目安を理解しましょう。
　一人一人の子どもの発達には大きな個人差があることを踏まえた上で，0・1・2歳児の人との関わり，及び自己の発達の基本について確認します。
③ 　保育の場における3歳未満児の人との関わりの実際について学びましょう。
　保育所等で見られるエピソードを通して，0・1・2歳児の保育者との関わり，子ども同士の関わり，自己の発達について学び，実習等の保育実践に役立てましょう。

専門的事項

第1節　3歳未満児の保育に求められること

（1）乳児保育に関する基本事項と内容とねらい

　平成29（2017）年に告示された『保育所保育指針』および『幼保連携型認定こ
ども園教育・保育要領』では、「乳児」（0歳児）の保育と「1歳以上3歳未満児」
（1・2歳児）の保育のねらいと内容が分けて記載され、その内容が充実しました。
本節では『保育所保育指針』をもとに、0歳児、1・2歳児の保育に求められ
ることを確認します。

①　基本的事項

　『保育所保育指針』には、乳児期（0歳児）は感覚の発達、運動機能の発達が
著しく、特定の大人との応答的な関わりによって情緒的な絆が形成されること
が重要であると述べられています。「健やかに伸び伸びと育つ」（身体的発達）、「身
近な人と気持ちが通じ合う」（社会的発達）、「身近なものと関わり感性が育つ」（精
神的発達）の3つの視点が示され、乳児の生命の保持と情緒の安定を図る養護の

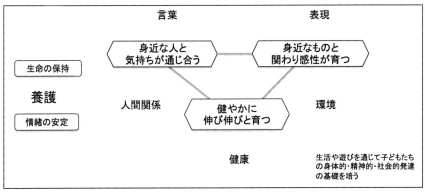

図表3－1　乳児保育のねらい（3つの視点）

参考：厚生労働省「保育所保育指針の改定に関する議論のとりまとめ」（2016年12月1日）

側面と一体となった保育が展開されることが重要とされています。

　乳児保育の特徴として，特定の保育者が1人の子どもに関わる「担当制」が
あります。保育所保育指針には次のように記されています。

第2章　1（3）保育の実施に関わる配慮事項　イ
　一人一人の子どもの生育歴の違いに留意しつつ，欲求を適切に満たし，<u>特定
の保育士が応答的に関わる</u>ように努めること。　　　　（下線は筆者による）

　乳児保育において「担当制」を導入することは，「保育所保育指針解説」にも「緩
やかな担当制」という表現で示されています。

第1章　総則　3保育の計画及び評価
（2）指導計画の作成　3歳未満児の指導計画（一部抜粋）
　3歳未満児は心身の諸機能が未熟であるため，担当する保育士間の連携はも
ちろんのこと，看護師・栄養士・調理員等との緊密な協力体制の下で，保健及
び安全面に十分配慮することが必要である。さらに<u>緩やかな担当制の中で，特
定の保育士等が，子どもとゆったりとした関わりをもち，情緒的な絆を深めら
れるよう指導計画を作成する。</u>　　　　　　　　　　（下線は筆者による）

　保育者1人が担当する乳児は3人と定められています（児童福祉施設の設備及び
運営に関する規準　第33条第2項）。例えば0歳児クラスに9人の乳児が在籍して
いるとすると保育者は3人必要になります。エピソードから担当制運営の例を
見てみましょう。

> ### ┃エピソード3-1┃ 担当制の実際
>
> 　エミ保育者はユウスケ（8ヶ月），ナツミ（7ヶ月），ミサキ（6ヶ月）を担
> 当しています。授乳や離乳食・おむつ交換・着替え・睡眠などの生活習慣
> の援助や，指導計画や保育記録の記入，保護者への対応等はなるべくエミ
> 保育者が行うようにしています。ある日，エミ保育者がユウスケのおむつ
> 交換をしていると，眠っていたミサキが目覚めて泣き出しました。他の保
> 育者がミサキの様子に気づいて，語りかけて抱っこをしています。

担当が決まっていても，子どもの情報は他の保育者と共有し，担当の保育者
が子どもの泣きや要求に応えられないときには，臨機応変に他の保育者がその
子どもに関わり，連携をとりながら保育を進めていきます。

エピソード 3-2 緩やかな担当制の実際 ───

　サラ保育者は０歳児クラスの３人の乳児を担当しています。授乳や食事
の介助，おむつ交換などは１対１でサラ保育者が行うようにしています。
　サラ保育者が１人の子どもに授乳をしているときには，他の２人の乳児
は別の保育者と一緒に遊んでいます。サラ保育者が早番や遅番のシフト勤
務のときにも，他の保育者が３人の子どもと遊んだり，生活面の援助をし，
登・降園時の保護者対応を丁寧に行います。子どもたちはサラ保育者には
特別な笑顔を見せたり，後追いをすることもありますが，他の保育者のこ
とも覚えているので落ち着いて園での生活を過ごしています。

　「緩やかな担当制」とは，保育者は主として担当する子どもの生活習慣の援
助や，連絡帳や児童票など記入を行いますが，必ずしも担当の保育者でなけれ
ばならないというのではなく，担当以外の子どもの情報も共有する，遊びの時
間には担当の区別なく関わるなど，保育者同士が連携しながら保育を進めてい
くものです。子どもにとっては心のよりどころになる保育者との愛着の形成が
でき，安定して過ごせるメリットがあり，保育者にとっても担当の子どもの発
達経過が追いやすく，保護者との信頼関係も築きやすいなどの利点があります。

② 乳児保育の「ねらい」及び「内容」

　保育所保育指針における乳児保育の「ねらい」及び「内容」から，乳児の人
との関わりと保育に関する事項を確認しておきましょう。

ア　健やかにのびのびと育つ

第２章　保育の内容　１乳児保育に関わるねらい及び内容（２）ねらい及び内容
ア　健やかにのびのびと育つ
（イ）内容（一部抜粋）
①保育士等の愛情豊かな受容の下で，生理的・心理的欲求を満たし，心地よく
　生活する。
（ウ）内容の取扱い（一部抜粋）
①心と体の健康は，相互に密接な関連があるものであることを踏まえ，温かい
　触れ合いの中で，心と体の発達を促すこと。特に，寝返り，お座り，はいはい，
　つかまり立ち，伝い歩きなど，発育に応じて，遊びの中で体を動かす機会を
　十分に確保し，自ら体を動かそうとする意欲が育つようにすること。

（下線は筆者による）

　保育者には一人一人の乳児に愛情をもって，生理的な欲求に適切に迅速に対
応することが求められます。同時に，乳児の泣きをはじめとする様々な心理的
欲求にも愛情をもって丁寧に関わることが大切です。その積み重ねによって，
乳児は「大人は信頼できるもの」であることを学び，人への信頼感と特定の保
育者に愛着を形成していきます。

　また，寝返りから伝い歩きなどへと目覚ましい発達を見せるこの時期に，保
育者には，乳児に愛情をもって温かい触れ合いの機会をもち，心身の発達が促
されるようにすると同時に，乳児の意欲が育まれるようにすることが求められ
ています。

イ　身近な人と気持ちが通じ合う

第２章　保育の内容　１乳児保育に関わるねらい及び内容（２）ねらい及び内容
イ　身近な人と気持ちが通じ合う
　受容的・応答的な関わりの下で，何かを伝えようとする意欲や身近な大人と
の信頼関係を育て，人と関わる力の基盤を培う。

（ア）ねらい

①安心できる関係の下で，身近な人と共に過ごす喜びを感じる。

②体の動きや表情，発声等により，保育士等と気持ちを通わせようとする。

③身近な人と親しみ，関わりを深め，愛情や信頼感が芽生える。

（イ）内容

①子どもからの働きかけを踏まえた，応答的な触れ合いや言葉がけによって，欲求が満たされ，安定感をもって過ごす。

②体の動きや表情，発声，喃語等を優しく受け止めてもらい，保育士等とのやり取りを楽しむ。

③生活や遊びの中で，自分の身近な人の存在に気付き，親しみの気持ちを表す。

④保育士等による語りかけや歌いかけ，発声や喃語等への応答を通じて，言葉の理解や発語の意欲が育つ。

⑤温かく，受容的な関わりを通じて，自分を肯定する気持ちが芽生える。

（ウ）内容の取扱い

①保育士等との信頼関係に支えられて生活を確立していくことが人と関わる基盤となることを考慮して，子どもの多様な感情を受け止め，温かく受容的・応答的に関わり，一人一人に応じた適切な援助を行うようにすること。

②身近な人に親しみをもって接し，自分の感情などを表し，それに相手が応答する言葉を聞くことを通して，次第に言葉が獲得されていくことを考慮して，楽しい雰囲気の中で保育士等との関わり合いを大切にし，ゆっくりと優しく話しかけるなど，積極的に言葉のやり取りを楽しむことができるようにすること。

（下線は筆者による）

　ここには，乳児の人間関係の育ちに関わる重要なポイントが多数示されています。最も大切なことは，保育者の温かく「受容的・応答的な関わり」と「一人一人に応じた適切な援助」です。例えば，乳児が保育者に泣いて空腹を訴えるときや，手差しや指差しをして「同じものを見て」と訴えたときに，保育者は乳児の思いを汲み取り，やさしく丁寧に関わることが大切です。その積み重ねが，大人への信頼感につながります。

　また，乳児にとって保育者は安心できる存在であることが重要です。保育者は乳児の「お腹がすいた」「おむつが汚れて気持ちが悪い」「眠い」「寒い・暑い」「痛い」「さびしい」「抱っこしてほしい」などの心地よくない状態や欲求を改善

してくれる存在であり，保育者が乳児の安全基地となることが求められていま
す。乳児が保育者と一緒に過ごすとき，「嬉しい」「楽しい」などの喜びや，安
心感を感じられることが大切です。

　しかし，乳児は嬉しい気持ちや不快な状態，保育者への要求などを言葉で訴
えることができません。保育者は乳児の身体の動きや表情，言葉ではない声や
喃語，泣きなどから，乳児の様々な気持ちや訴えを理解するよう努めます。そ
して，やさしい言葉かけやスキンシップ，一緒に遊ぶ，生理的欲求への適切な
対応などをして，乳児の欲求を満たし，気持ちを受け止め，それを言葉にして
語りかけるようにします。

　保育者には，子どもの多様な思いを受け止めて，子どもへの語りかけや歌い
かけることや，子どもの思いを言葉にして丁寧に関わること，すなわち受容的
で応答的な関わりが求められます。子どもは自分の欲求や気持ちが保育者から
温かく受け止められることによって人への信頼感をもち，自分の存在をよいも
のとして捉える気持ち（自己肯定感）の基礎が育まれていきます。

ウ　身近なものと関わり感性が育つ

第2章　保育の内容　1乳児保育に関わるねらい及び内容（2）ねらい及び内容
ウ　身近なものと関わり感性が育つ　　（イ）内容（一部抜粋）
③保育士等と一緒に様々な色彩や形のものや絵本などを見る。
⑤保育士等のあやし遊びに機嫌よく応じたり，歌やリズムに合わせて手足や体
　を動かして楽しんだりする。
（ウ）内容の取扱い（一部抜粋）
②乳児期においては，表情，発声，体の動きなどで，感情を表現することが多い
　ことから，これらの表現しようとする意欲を積極的に受け止めて，子どもが様々
　な活動を楽しむことを通して表現が豊かになるようにすること。

（下線は筆者による）

　ここで大切なことは，乳児のものとの出会いや関わりを保育者が支えること
です。乳児が興味や好奇心をもてるもの，親しみを感じられるものなどを安全

に配慮しながら用意します。例えば，乳児の発達や個性，安全で心地よい「音」「形」「色」「手触り」などを考慮して，身近な生活用品や玩具や絵本などを選びます。さらに，ものをさわる・つかむ・つまむ・たたく・引っ張るなど，手指を使って遊ぶことを考慮することも必要です。そして，乳児のものとの関わりを見守ったり，一緒に関わりを楽しんだりしながら，乳児が視覚・聴覚・嗅覚・触覚などの感覚をはたらかせてものと関わる姿を支えていきます。

　ものとの関わりだけでなく，保育者の言葉かけの声，あやし歌，子守唄なども大切です。乳児が保育者の声や手拍子などのリズムや歌に楽しさを感じ，一緒に手足や体を動かす楽しさを感じられるようにすることが求められています。

（2）1歳〜3歳未満児の保育に関する基本事項と内容とねらい

① 基本的事項

　保育所保育指針における1歳以上3歳未満児の保育（1・2歳児の保育）の基本的事項について確認しておきましょう。

第2章　保育の内容　2　1歳以上3歳未満児の保育に関わるねらい及び内容

（1）基本的事項

ア　この時期においては，歩き始めから，歩く，走る，跳ぶなどへと，基本的な運動機能が次第に発達し，排泄の自立のための身体的機能も整うようになる。つまむ，めくるなどの指先の機能も発達し，食事，衣類の着脱なども，保育士等の援助の下で自分で行うようになる。発声も明瞭になり，語彙も増加し，自分の意思や欲求を言葉で表出できるようになる。このように自分でできることが増えてくる時期であることから，保育士等は，子どもの生活の安定を図りながら，自分でしようとする気持ちを尊重し，温かく見守るとともに，愛情豊かに，応答的に関わることが必要である。

（下線は筆者による）

　ここには，1・2歳児は運動機能や指先の機能が発達し，食事や衣服の着脱が自立に向かうこと，排泄機能や言葉が発達し，子どもの自分でしようとする気持ちが育つ時期であることが述べられています。保育者には，子どもの発達

や「自分で」という気持ちを尊重しながら，基本的生活習慣の自立に向かう姿を温かく見守り，安定して生活できるようにすること，愛情豊かで応答的な保育をすることが求められます。

② 　1歳以上3歳未満児の保育の「ねらい」及び「内容」

　保育所保育指針において，1歳以上3歳未満児の保育の内容は「健康」「人間関係」「環境」「言葉」「表現」の5領域で示されています。それぞれの領域のねらいは相互に関連し合っており，内容は子どもの発達の特徴を踏まえて，園での生活と遊びの中で展開されますが，ここでは「人との関わりに関する領域」である「人間関係」の「ねらい」及び「内容」について確認しながら，1歳児・2歳児の人との関わりの要点について確認しておきましょう。

ア 　「人間関係」の「ねらい」

第2章　保育の内容　1　1歳以上3歳未満児の乳児保育に関わるねらい及び内容
（2）ねらい及び内容
イ　人間関係
　他の人々と親しみ，支え合って生活するために，自立心を育て，人と関わる力を養う。
（ア）ねらい
①保育所での生活を楽しみ，身近な人と関わる心地よさを感じる。
②周囲の子ども等への興味や関心が高まり，関わりをもとうとする。
③保育所生活の仕方に慣れ，きまりの大切さに気付く。
（下線は筆者による）

　子どもは身近な保育者との信頼関係に支えられて，周囲の子どもや様々なものに興味や関心をもって関わりながら，遊びや生活の世界を広げていきます。そうした中で人と関わる楽しさや心地よさを感じ，人と関わる力の基礎が育まれます。また，遊びや生活の中で，他の子どもと関わる楽しさを感じます。同時に気持ちのすれ違いやぶつかり合いも経験し，それを温かく受け止めてくれ

る保育者の関わりに触れながら，園での生活に慣れて，他の人と一緒に過ごすためにはきまりがあることに気付いていきます。

イ　「人間関係」の「内容」

第2章　保育の内容　1　1歳以上3歳未満児の乳児保育に関わるねらい及び内容
（2）ねらい及び内容
イ　人間関係　（イ）内容
①保育士等や周囲の子ども等との安定した関係の中で，共に過ごす心地よさを
　感じる。
②保育士等の受容的・応答的な関わりの中で，欲求を適切に満たし，安定感をもっ
　て過ごす。
③身の回りに様々な人がいることに気づき，徐々に他の子どもと関わりをもっ
　て遊ぶ。
④保育士等の仲立ちにより，他の子どもとの関わり方を少しずつ身につける。
⑤保育所の生活の仕方に慣れ，きまりがあることや，その大切さに気付く。
⑥生活や遊びの中で，年長児や保育士等の真似をしたり，ごっこ遊びを楽しん
　だりする。
　　　　　　　　　　　　　　　　　　　　　　　　　　　（下線は筆者による）

　ここでも，保育者の子どもへの受容的・応答的な関わりと，子どもと保育者との信頼関係が基盤にあることが示されています。子どもは保育者等に見守られながら安心して園生活を送り，保育者が仲立ちとなって，あるいは一緒に遊びながら，他の子どもと関わる喜びや心地よさを感じ，したいことに取り組み，安心感をもって生活することで，人との関わりを育んでいきます。

　この頃の子どもは，自分の思いや欲求を身振りや表情あるいは言葉で表現しながら遊んだり生活したりしています。保育者は子どもの思いや欲求を温かく受け止め，保育者自身の子どもへの願いや思いを表情や言葉で伝えます。子どもは自分が受け止められた喜びを感じながら，保育者の思いに気付いて考えながら行動するようになっていきます。このような子どもと保育者の目に見えない双方向的なやり取りのなかで，子どもはよいことや好ましくないことに気付き，意欲をもってやり遂げようとする気持ちの芽生えを育んでいきます。

ウ　「人間関係」の「内容の取扱い」

第2章　保育の内容　1　1歳以上3歳未満児の乳児保育に関わるねらい及び内容
（2）ねらい及び内容
イ　人間関係（ウ）内容の取扱い
①保育士等との信頼関係に支えられて生活を確立するとともに，自分で何かを
　しようとする気持ちが旺盛になる時期であることに鑑み，そのような子ども
　の気持ちを尊重し，温かく見守るとともに，愛情豊かに，応答的に関わり，
　適切な援助を行うようにすること。
②思い通りにいかない場合等の子どもの不安定な感情の表出については，保育士
　等が受容的に受け止めるとともに，そうした気持ちから立ち直る経験や感情を
　コントロールすることへの気付き等につなげていけるように援助すること。
③この時期は自己と他者の違いの認識がまだ十分でないことから，子どもの自
　我の育ちを見守るとともに，保育士等が仲立ちとなって，自分の気持ちを相
　手に伝えることや相手の気持ちに気付くことの大切さなど，友達の気持ちや
　友達との関わり方を丁寧に伝えていくこと。　　　　　　　（下線は筆者による）

　保育者には子どもが何をしようとしているのか，何をしたいと思っているの
か，子どもの気持ちを大切にしながら温かく見守ること，愛情をもって応答的
に関わること，援助することが求められています。子どもは自分の欲求や要求
が実現できないときに，泣いたりかんしゃくをおこしたりすることがあります。
子どもは保育者に支えられて少しずつ自分の気持ちを調整することを覚えてい
くので，保育者は子どもの気持ちを言葉にして受け止めたり，気持ちを切り替
えるきっかけをつくることを大切にします。また，他の子どもへの関心が見ら
れますが，自分と他者との区別がはっきりとしていないので，ぶつかり合いも
よく見られます。ここでも保育者は双方の子どもの気持ちを丁寧に言葉にして
伝えます。謝ることや許すことを教えたり，子どもの気持ちを抑えたりするの
ではなく，無理なく相手の気持ちを受け入れられるように関わることが大切で
す。そうして子どもは他児にも自分と同じような気持ちがあることに気付き，
他児との関わり方を学び身につけていきます。

・・・・・・・・・・・・・・・・・・・・ 参考文献 ・・・・・・・・・・・・・・・・・・・

厚生労働省「保育所保育指針」平成 29 年告示。

厚生労働省「保育所保育指針解説書」フレーベル館, 2018 年。

厚生労働省「保育所保育指針解説書」フレーベル館, 2008 年。

汐見稔幸監修「保育所保育指針ハンドブック 2017 年告示板」学研, 2017 年。

内閣府・文部科学省・厚生労働省「幼保連携型認定こども園教育・保育要領」平成 29 年告示。

第3章　確認問題

1. 『保育所保育指針』における乳児保育の３つの視点の中の「身近な人と気持ちが通じ合う」と，１歳以上３歳未満児の「人間関係」を参考にして，あなたが保育者だとしたら，子どもと関わるときにどのようなことを大切にしたいか簡潔にまとめてみましょう。

2. 乳児保育および１歳以上３歳未満児の「担当制」のメリットとデメリットを考え，他の人と意見交換をしてみましょう。

演　　習

1．3歳未満児の人との関わりに関する発達

　専門的事項では保育所保育指針から，乳児および1歳以上3歳未満児の人との関わりの特徴と保育の基本，保育者の関わり等について確認してきました。**演習1**ではもう少し丁寧に，誕生から3歳未満児の人間関係に関する発達を，エピソードを見ながら確認していきましょう。また**演習1**では家庭における家族との関わりを中心にしたエピソードを，**演習2**では保育の場におけるエピソードを紹介します。

（1）新生児期〜生理的微笑〜

　人間の子ども（乳児）は大人の手厚い養護がなければ生命を維持することができません。そして，1人で歩いたり，自分で食べることができるようになるまでには，およそ1年を要します。この状態を，スイスの生物学者であるポルトマン（A. Portmann, 1897 - 1982）[※1] は，未熟な状態で生まれてくるとして「生理的早産」と呼んでいます。

　しかし，誕生したばかりの乳児にも人との関わりに必要な力があることや，人への関心を示すことがわかってきました。例えば，視力は 0.01 〜 0.02 程度で，20 〜 30cm 程度はぼんやりと認識できると言われています。これはちょうど抱っこされた人の顔をぼんやりと捉えることができる距離と一致します。また，授乳の間に時々吸うのを止めて，抱っこしている人の顔をじっと見つめることがあります。さらに，乳児と向かい合って，大人が口を大きく開ける，舌を出して見せるなどを繰り返すと，乳児はそれをじっと見ていて同じように口を開けたり，舌を出したりする「新生児模倣」が見られることが報告されています。

　聴覚についても，生後数日の乳児が自分の母親の声を好み，他の人の声と聞き分けることができたり，物音よりも人の声によく反応し，人の声を好むこと

もわかってきました。

　新生児は1日の大半を眠って過ごしますが，起きているときには，人の顔やものをじっと見つめる「注視」が見られます。また，睡眠中に口角を上げて微笑んでいるような表情を見せることがあります。その表情は笑っているように見えることから「生理的微笑」と呼ばれています。その様子をエピソードから見てみましょう。

エピソード3-3　注視と生理的微笑（生後20日）

　マサルはお腹が空くと目覚めて泣きます。母親が授乳をすると飲みながら母親の顔をじっと見つめます。そしてお腹がいっぱいになるとまた眠ります。マサルは睡眠中に唇を横に引き，笑っているような表情を見せます。父親も母親も祖父母も「かわいいね」「よく笑うね」「ずっと見ていても飽きないね」と長時間，マサルの顔を嬉しそうに見ています。

　ここでは授乳中に母親の顔をじっと見つめる「注視」や，睡眠中に笑ったような表情を見せる「生理的微笑」の様子が見られます。マサルは笑っているのではありませんが，家族はマサルの表情を笑顔として受け止め，「かわいい」「そばにいたい」と思っている様子が読み取れます。

　乳児の「生理的微笑」は乳児自身の「嬉しい」「気持ちいい」という感情の表現ではありません。それは，大人に「かわいい」「関わりたい」という気持ちを抱かせ，自分への関心や関わりを促すものと捉えることができます。

　人の声や顔に関心を示す様子や，人の顔をじっと見つめる「注視」，「新生児模倣」や「生理的微笑」など，乳児は生まれながらにして人との関わりに必要な力を備えていると解釈することができるでしょう。

（2）0歳児前半〜社会的微笑〜

　生後2か月頃より動くものを目で追うこと（追視）ができるようになり，身近
な人の声を聞き分けることができるようになりま
す。2〜3か月頃にはあやされて笑顔になる「社
会的微笑」が見られ，4〜5か月頃には母親がわ
かり，相手を見て自分から微笑みかけるようにな
ります。

　生後5か月頃から寝返りができるようになり，
お腹を中心にして回転するような動き（ピボットターン）や，お腹を支点に両手
両足を上げて飛行機のような姿勢をとる「グライダーポーズ」が見られるよう
になります。目覚めていてご機嫌がよいときには，泣かずに1人で遊んでいる
ような様子が見られると同時に，人を求めて泣いたりすることも増えてきます。

> **エピソード3-4** 社会的微笑
>
> 　生後2か月半を過ぎた頃から，母親が笑顔で「まさみちゃん」と呼びかけ
> るとマサミは笑顔を見せるようになりました。父親も祖父母も笑顔で名前を
> 呼んだり抱いてあやしたりすると，マサミは誰に対しても笑顔を見せます。
> 　生後4か月を過ぎるといつも一緒にいる母親が話しかけると，マサミは手
> 足をバタバタと動かし，自分から笑顔を向けるようになりました。この笑顔
> は他の人にあやされているときと比べると，ずっと嬉しそうに見えます。

　生後2か月のマサミはいつも近くにいて身の回りの世話をしてくれる母親を
しっかり認識し，その笑顔から呼びかけられて喜んでいる様子がわかります。ま
た，父親や祖父母の声や笑顔に反応して「社会的微笑」の様子が読み取れます。
生後4か月には母親の語りかけを喜ぶ様子が見られ，人への認識が一層進み，関
わりを喜んでいることがわかります。さらに自分から笑顔を向ける様子は身近な
人への関わりを求めていると言えます。この笑顔や自発的な乳児の関わりに大
人が愛情をもって関わることが人との関わりの基盤になっていきます。

（3）0歳児後半〜人見知り・分離不安・三項関係〜

　生後6か月頃から，よく見て知っている人と見知らぬ人を見分けることができるようになります。見知らぬ人を見ると表情がこわばる，動きが止まる，後ずさりする，顔をそむける，泣くなどの「人見知り」がはじまります。

　人見知りのあと，自分が慣れ親しんだよく知っている人が見えなくなると不安になって探したり泣いたり，あと追いをしたりする「分離不安」が見られるようになります。その様子を2つのエピソードから確認してみましょう。

　エピソード3-5 人見知り（7か月）────────────

　　生後7か月のミキは母親に抱っこされ，近くの公園まで出かける途中で，近所に住む村上さん（50歳代の女性）に出会いました。村上さんが「みきちゃん，こんにちは。大きくなったわね」とミキに話しかけると，ミキは村上さんの顔をじっと見つめて，表情がかたくなりました。母親が「村上さんよ。この前（生後3か月の頃），抱っこしてもらったでしょう」とミキに語りかけてもミキの表情は変わりません。村上さんが「ミキちゃんかわいいわね。小さいおててね」とミキの手に触ると，ミキは泣き出してしまいました。

　生後3か月の頃に抱っこされて笑顔を見せていたミキは，あやしてくれる人に誰にでも笑顔を見せる「社会的微笑」を見せていました。4か月が経過し，ミキは村上さんの顔を覚えておらず「この人は知らない」というメッセージを発して泣いたのです。これが知っている人と知らない人を見分ける「人見知り」で，この頃の発達の特徴の1つです。人見知りの始まりの時期や終わり（緩和する）の時期には大きな個人差があり，顕著な人見知りの様子が見られない子どももいます。

　エピソード3-6 分離不安（9か月）────────────

　　生後9か月のリクはお気に入りのおもちゃで機嫌よく遊んでいます。時々，近くにいる母親の顔を見てまた遊び始めます。母親がトイレに立つ

とリクから母親の姿が見えなくなりました。リクは母親がいなくなったことに気付きませんでしたが，しばらくして母親がいないことに気付きました。周りを見回しても母親が見えないのでハイハイで移動し始めました。それでも母親の姿が見えないので大きな声で泣き出しました。母親が「リクちゃん，ここにいるよ」と急いでリクの近くに戻ってきてリクを抱き上げると，リクはすぐに泣き止みました。このときからリクは母親が移動しようとするとハイハイであとを追うようになりました。

　リクにとって最も身近で親しみのある母親の姿が見えなくなり，不安になったのでしょう。周囲を見回したり，ハイハイで移動して母親を探します。「お母さんがいないよ」というメッセージを発して泣き出したのです。これが，自分が慣れ親しんだ人がいなくなって不安になる「分離不安」です。母親の姿を見て泣き止んだのは，安心したからでしょう。このあと母親のあとを追うようになったリクは，大好きな母親がいなくなることによほど不安を感じたのでしょう。大好きな人に近くにいてほしい，不安になるのは嫌だという気持ちの表われが「後追い」の姿であることがわかります。

　見えなくなっても存在していることがわかったり，その場からいなくなっても戻って来ることが理解できるようになると分離不安はなくなります。分離不安にも大きな個人差があり，その様相を見せない子どももいます。

　興味をもったものがあると，母親や他者に声を出して知らせようとしたり，取ってほしいものを声や表情で要求したりするようになります。それまでの自分と母親を中心とした自分と他者という二者の関係（二項関係）から，自分と他者とモノという三者の関係（三項関係）へと変化が生じます。次第に手でモノを指し示したり（手差し），1歳の誕生日前後には人差し指でものを指し示す「指差し」が見られるようになります。これは人と関わることにおいて非常に重要な発達です。次のエピソードからその様子を確認しておきましょう。

┌─ エピソード3-7 三項関係と手差し（11か月）───────────
│　日曜日，生後11か月のサナは父親に抱っこされて買い物に出かけました。
│途中で「アンアン」と言い出しましたが父親には何のことかわかりません。
│少し進むと田中さんの庭で飼われている犬がいました。サナが「アンアン」
│と言いながら右手を出して田中さんの庭で飼われている犬を指し示しまし
│た。父親が「犬がいたんだね。バロンって言うんだって」とサナに語りか
│けると，サナはまた「アンアン」と嬉しそうに声を出しました。
└─────────────────────────────────────

　サナはいつも母親と買い物に行く途中で出会う犬のことを「アンアン」と喃
語で父親に知らせたかったのでしょう。そして，父親がサナの手で指す方向を
見て，犬に気づいてサナに犬の名前を知らせます。サナと父親の関わりの間に
犬が介在して，犬を通してサナと父親は心を通わせ，2人の関わりをより楽し
いものにしています。そして，サナは犬を右手を出して指し示しています。こ
れが「私と同じものを見て」と子どもが訴えている「手差し」です。三項関係
が成立することや，手差し・指差しは子どもが人と関わる発達において大変重
要な意味をもちます。

（4）1歳児

　1歳を過ぎると，大きな個人差はありますが，1人で歩けるようになり，ほ
しいものや行きたい場所を人差し指で指し示す「指差し」や，喃語ではない意
味のある初めての言葉「初語」が出て，言葉が人に向けられるようになります。
　食事は離乳食が完了期に向かい，他者に食べさせてもらうのではなく，自分
でスプーンを持って食べようとします。歩行が始まり行動範囲が広がり，様々
なものに興味や関心をもつようになり，信頼できる大人に見守られながら，何
でもさわってみたい，やってみたいという好奇心・探究心が育ってきます。
　人見知りが激しくなったり，分離不安が強くなる子どももいますが，慣れ親
しんだ人には心を許し，自分から抱っこをせがんだり，「遊ぼうよ」というよう
にはたらきかけたりする姿も見られるようになります。

　次のエピソードから，1歳前半の子どもと母親の関わりの様子を見てみましょう。

エピソード3-8　**自分から働きかける（1歳4か月）**

　1歳4か月になったキノは母親に「キノちゃーん」と呼ばれると「あーい」と片手を上げて返事をします。母親が「おむつをもってきてね」と言うと，自分でおむつの入っている袋からおむつを取って母親のいるところまで持ってきたり，大好きなリンゴジュースが飲みたくなると，母親の手を引っ張って冷蔵庫の前に行き，「ジュージュ」と言ったりします。自分が食べているものを母親に食べさせようとして，手で持って母親の口に入れようとすることもあります。

　ここではキノが自分の名前を認識し，母親の言うことを理解して行動する姿，自分の要求を行動と片言で表現する様子が読み取れます。また，これまで母親にしてもらっていたことを自分が他者（母親）にする，つまり，「してもらっていた存在」から「する存在」に転換する育ちも確認できました。

　1歳後半になると歩行がさらにしっかりし，大人と手をつないだりベビーカーに乗ることを嫌がるようになり，起伏がある場所や足元が不安定な場所をあえて1人で歩こうとする姿も見られます。これまでしてもらっていた着替えや手洗いなども自分でしようとするなど，「1人で」「自分で」という気持ちが強くなっていきます。その反面，うまくいかないと泣いたり，かんしゃくを起こしたりすることもあり，大人の受け止めや支えが必要な場面が多くなります。

エピソード3-9　**自分で履きたい（1歳7か月）**

　ユウスケは外に出ることを楽しみにして，母親が「おむつを取り替えてお外に行こうか」と言うとすぐに玄関に行き，自分で靴を履こうとします。母親が「おむつ替えてからね」と言ってももう靴を持って離しません。母

親はあきらめてユウスケの好きなようにさせます。ユウスケはファスナー
テープをはずして，靴を持って足を入れようとしますがなかなか上手に入
りません。母親が手伝おうとすると嫌がり，靴を握りしめます。「自分で履
くのね」と言われると反対側の靴を持って足を入れようとしますが入りま
せん。母親が靴を履いて立ち上がると，ユウスケは靴を放り出し泣き始め
ます。母親が靴を履かせると，気持ちが切り替わったのか笑顔で外に出て
行きました。

　自分で靴を履きたかったユウスケの気持ちが読み取れます。しかし，1人で
靴を履くのはこの時期のユウスケには難しいことだったようです。それでも母
親の助けは借りないで「自分で履きたい」と頑張りますが，うまくできずに泣
き出しました。このように「自分で」という気持ちがだんだん強くなっていき
ますができないことも多く，大人の手助けが必要です。大人は子どもの意欲を
損なわないように手助けできるとよいのですが，どこまで見守ってどこから手
助けするのかを見極めるのは難しいところです。しかし，子どもは信頼する大
人に見守られ支えられながら気持ちを立て直し，その繰り返しの中で，自分で
することやできたことの喜びを感じ，意欲をもって次のことに向かうことがで
きるようになっていきます。

（5）2歳児

　歩行が安定し，走る，跳ぶなどこれまでより活発な運動の発達や，指先の動
きの発達が見られます。食事や衣類の着脱も自分でするようになり，次第にお
むつからパンツに移行していくなど，基本的生活習慣は自立に向かいます。また，
日常生活に必要な言葉がわかり，自分の思いも少しずつ言葉で表現できるよう
になります。うまくいかないことがあると強い自己主張をしたり，気持ちの転
換に時間がかかることもありますが，行動範囲を広げ，様々なことに挑戦しよ
うとする姿が見られます。

　周囲の人に関心を示し，身近な大人の様子を見ていて，生活の再現をする簡

単なごっこ遊びを楽しみます。次のエピソードからその様子を見てみましょう。

エピソード 3-10 同じ場で遊ぶ（2歳6か月）

　モモカは人形遊びやままごと遊びが大好きで，人形を布団に寝かせたり
おんぶしたり，おむつを取り替えたりミルクを飲ませたりしてよく遊びま
す。今日はままごと道具を持ってきて，包丁で野菜を切ってお鍋に入れ，
上手にお皿に移し替えて「どうぞ」と母親のところに持っていきました。
母親が「おいしいね」と食べる真似をすると嬉しそうです。

　妹のテルミが来て，モモカと同じことをしようとすると「ダメー」と言っ
てままごと道具や人形を両手で抱え込みました。母親に「モモちゃんはお
姉ちゃんだから貸してあげて」と言われますが貸すことができず，部屋の
隅に人形とままごとを持っていってしまいました。

　モモカは自分がしてもらったことや，母親がしていることをよく見ていて，
それを人形にしたり，ままごと遊びの中で再現している様子が読み取れます。
ままごとの料理を母親が受け止めてくれたことを喜んでいますが，まだ妹に貸
したり譲ったりする気持ちは育っていないようです。

　この頃の子どもは自分の思いどおりに遊びたい気持ちが強く，人から言われ
て自分の気持ちをコントロールしたり，他者を受け入れるのは難しいことです。
他者に受け止めてもらう嬉しさや，自分の思いを実現する楽しい経験を積み重
ねながら，徐々に他者の思いに気付いたり，貸したり譲ったりすることができ
るようになっていきます。

２．保育の場における３歳未満児の姿と保育者の関わり

　保育所等における乳児の預かり開始月齢・年齢は，地方自治体や保育施設によって異なりますが，基本は，労働基準法で定められた母親の産後休暇（産後８週）明けの生後57日からとなります。医師が認めた場合には母親は産後６週から働くことができるので，早ければ生後43日から預かることもあります。

　本章第１節で学んできた『保育所保育指針』では，保育者の「愛情豊か」で「受容的・応答的」な関わりが重視されています。

　本節では生後２か月以降の乳児から３歳未満児の人との関わりに関する発達にそった保育者の関わりについてエピソードを通して学んでいきます。

（1）０歳児

①　泣きに対する対応

　乳児は空腹を泣いて訴えるほか，オムツが汚れて不快なとき，暑いとき，寒いとき，眠いとき，関わってほしいとき，体調がよくないときなどにも泣いて訴えます。月齢の低い乳児や入園して間もない乳児の泣きの理由を理解するのは難しいものです。ここでは乳児の泣きに関するエピソードから，保育者の関わりについて考えてみましょう。

エピソード 3-11　「抱っこしようね」（生後57日）

　生後57日目のナオは母親の産後休暇明けから保育園に通うことになりました。登園したナオは保育者に抱っこされ，しばらくするとベビーベッドで眠りにつきます。担当のアスカ保育者は５分おきに眠っているナオの様子を確認します。１時間ほどするとナオは目を覚まし泣き始めました。アスカ保育者は「なおちゃん，起きたのね。もう，おなかが空いたかな。それともおしっこが出たかな。抱っこしようね」とやさしく語りかけナオを抱き上げると，ナオは泣き止んで，アスカ保育者の顔をじっと見つめました。

　この時期は乳幼児突然死症候群（SIDS）に注意するため，アスカ保育者はナオのそばを離れず，目覚めて泣き出したことにすぐに気付き，泣きの理由を確認するようにナオに言葉をかけ，抱き上げています。ナオは安心したのでしょう。抱き上げられて泣き止んでいます。

　このように，乳児の訴えに対して保育者がタイミングよく適切に関わることが大切です。空腹や排泄物の不快感などの生理的な欲求であれば，授乳やオムツ交換などの援助が必要です。保育者が適切に対応することで，乳児の人に対する信頼感が育まれていきます。

　一方，乳児の訴えに対して誰も応答しない状況が続くと，乳児は泣いて訴えることをしなくなり，人への信頼感がもてなくなります。

　保育者には，乳児からの訴えや働きかけに対して，愛情をもって温かい言葉で応答すること，生理的欲求には迅速に的確に対応すること，笑顔で抱っこをするなどのスキンシップをとること，一緒に遊ぶことなどが求められます。

②　愛着（アタッチメント）の形成

　家庭で養育されている乳児の主な愛着関係の対象は母親となることが多いのですが，1日の生活時間（目覚めている時間）のほとんどを保育の場で過ごす乳児にとっては保育者も愛着の対象となることがわかっています。次のエピソードから乳児が保育者への愛着を形成している例を見てみましょう。

：エピソード 3-12：「アイ保育者がいいの」（7か月）

　0歳児クラスの担任は4人で，生後7か月のミクの担当はアイ保育者です。オムツ交換や授乳・離乳食を食べさせるなど，ミクへの援助は主にアイ保育者が行います。遊びの場面ではアイ保育者以外の保育者とも一緒に遊んでいますが，ミクは途中で何度もアイ保育者の顔を見て，また遊びに戻ることがよくあります。他の子どもにおもちゃを取られたり，どこかにぶつかって痛いときなどは，必ずアイ保育者のところにきます。

　遊びのあと服が汚れたのでレイ保育者が「ミクちゃん，お洋服が汚れ

ちゃったからお着替えしようね」と洋服を見せると，ミクはアイ保育者を
目で探して，アイ保育者のいるところにハイハイで移動しました。

この園では担当制が取り入れられており，着替えなど身の回りのことは慣れ
た担当のアイ保育者にしてほしいというミクの気持ちが読み取れます。同時に
ミクはアイ保育者に愛着を形成していることがわかります。この時期の乳児は，
慣れ親しんだ保育者に見守られながら情緒を安定させて，探索活動を広げてい
きます。保育者は，乳児の心のよりどころになるよう愛情をもって丁寧に関わ
りながら安全基地になるよう心がけます。

③　ハイハイで広がる世界と分離不安への関わり

ハイハイや伝い歩きができるようになると，これまで見えていた身の回りの
景色が広がり，より多くのさまざまなモノや人に興味をもつようになります。
同時に，知っている人と見知らぬ人を見分けて人見知りをしたり，知っている
人が見えなくなると不安になって（分離不安）あと追いをする姿が見られるよう
になります。この頃の保育者の関わりをエピソードから見てみましょう。

エピソード 3-13 保育者が見えなくなると…（9か月）

ハイハイができるようになり，アミは嬉しそうに保育室の中をあちらこ
ちらに移動するようになり，手の届くところにあるおもちゃを取ろうとし
たりしています。サキ保育者は保育室の隅に座り，アミの様子を見守って
います。アミはお気に入りのクマのぬいぐるみを見つけるとハイハイで移
動します。ようやくたどり着くと，まわりを見回して急に表情を硬くして
泣き始めました。「アミちゃん，どうしたの。クマさんいたね。よかったね」
と言いながらサキ保育者が近づくとアミは安心したような表情になり，泣
き止みました。

　アミはハイハイで移動して，慣れ親しんだサキ保育者が見えなくなり不安になったのでしょう。サキ保育者はアミの泣きの理由を察知してすぐにサキの傍に行き言葉をかけています。アミはサキ保育者がいることで安心して探索活動ができることが読み取れます。

　保育者は子どもが不安にならないように，子どもの見える位置にいる，言葉で存在や移動することを伝える，子どもが不安を訴えたときには，すぐに応答することを心がけます。また，遊び場面などで担当以外の保育者などと関わる機会を設け，職員同士が連携して子どもが不安にならないような工夫をすることも大切です。

④　子どもの要求を受け止める受容的な関わり（三項関係）

　言葉で気持ちを表現することができない乳児は，視線や表情，身振りやしぐさなどでしたいこと，してほしいことを表現します。保育者が乳児の表現を理解して受け止め，適切に応答していくことで，乳児は情緒を安定させて，落ち着いて園生活を過ごすことができます。ここでは，乳児のものに対する思いを保育者がどのように受け止めて関わるのか，エピソードから学びましょう。

> **エピソード 3-14**　「うさぎさん，取って」（11か月）
>
> 　ナオは母親に抱っこされて登園しました。保育室に入るとすぐに「あっあー」と声を出し，棚の上に置いてあったうさぎのぬいぐるみを見つけたようで，その方向を右手で指し示します。アキ保育者がすぐに気付き「ナオちゃん，おはよう。『うさぎさん，取って』って言ったのね」と言って，「ナオちゃん，遊ぼう」とぬいぐるみが話しているように動かしながらナオに手渡すと，ナオは嬉しそうにぬいぐるみを受け取り抱っこしました。

　ナオは登園後すぐにうさぎのぬいぐるみを見つけて，声を出し手差しをして「あれがほしいの」「取ってちょうだい」と保育者に要求したようです。保育者はすぐにナオの視線の方向を見て，手差しの方向にぬいぐるみがあることに気

付きます。ナオが声と身振りでほしいものがあることを伝え，それを保育者が的確に捉えて，ナオの要求を言葉にしています。そして，ぬいぐるみが話しかけているような楽しさも添えて，ナオの要求に応じます。

　子どもと保育者の間にもの（うさぎのぬいぐるみ）が入り（三項関係の成立），保育者の受容的・応答的な関わりが見られました。ナオと保育者は心を通わせて，保育園での1日を始められたことがわかります。

　保育者は乳児の表現を見逃さず，欲求や要求を受け止め，乳児が安心して楽しく過ごせるように関わることが大切です。

（2）1歳児

① 子どもの表現を受け止める

　言葉で気持ちを表現することができない子どもは，視線や表情，身振りやしぐさなどでしたいこと，してほしいことを表現します。「指差し」もその1つで，言葉の前の大切なコミュニケーションツールになっています。

　保育者が子どもの表現を受け止めて適切に応答していくことで，子どもは情緒を安定させて，落ち着いて園生活を過ごすことができます。ここでは，1歳児の思いを保育者がどのように受け止めて関わるのかを考えましょう。

> **エピソード 3-15** 「ちょうちょがいたのね」─────
>
> 　チアキは保育室からベランダに咲いている花に蝶がとまっているのを見つけて「うーん」とガラス窓に顔をつけて一生懸命に声を出しています。保育者はそれに気付かず「お花きれいね」と言いましたが，チアキはまだ「うーん」と言い続け，指差しをします。蝶がいることに気付いた保育者が「ちょうちょがいたのね。チーちゃん教えてくれたのね。ありがとう」と言うとチアキはにっこりと笑いました。

　言葉が出る前のチアキは蝶を発見した喜びを声と指差しで保育者に知らせようとしていました。保育者はとっさに花だと思いますが，チアキの様子から何

か違うことだと瞬時に気付きます。チアキは保育者が自分の見つけたものを言葉にしてくれたこと，わかってもらえたことに嬉しさを感じている様子が読み取れます。子どもは保育者が自分の思いを言葉にしてくれることで，ものの名称を知ったり，自分の気持ちが他者に伝わる喜びを感じて，また伝えようという意欲につながっていきます。

② 1人でしたい

　1人で歩く，1人で食べる，1人でズボンを脱ぐ，など日々1人でできることが増え，何でも自分でしようとして1人でできた喜びを感じ，自信や次への意欲をもっていく1歳児です。

エピソード 3-16「1人で登れたね」

　園庭には低い築山（土の山）があり，1歳児クラスの子どもたちは築山に登ろうとしますがなかなかうまく登れません。ショウマもいつもは保育者の手を借りて登っていました。今日もショウマは保育者の顔を見て築山を指差しました。しかし，保育者はショウマの様子がいつもと少し違うことを感じて見守ることにしました。するとショウマは1人で築山に登り始めました。途中，何度もすべっていましたが何とか上まで登ることができました。保育者は嬉しくなって「ショウちゃん，1人で登れたね」と言葉をかけると，ショウマも嬉しそうにニコニコしていました。

　保育者は，このときのショウマの指差しを「手をつないで一緒に登って」といういつものメッセージではないと感じています。そして，ショウマの視線や指差しは「今日はひとりで登りたい」という思いだったことがあとからわかります。子どもの言葉ではない気持ちを受け止めることはそう簡単なことではありません。そこには子どもと保育者の日々の関わりの積み重ねと信頼関係があって，保育者は子どもの小さな変化や目に見えないメッセージを読み取ることができるのです。そして，子どもは保育者に支えられて安心して1人で行動する

ことを覚えていきます。保育者は子どもの姿をよく見て，耳を傾け，小さな表現やメッセージにも気を配りながら子どもと関わっています。

③　他の子どもとの関わり

　園での生活や遊びのなかで，子ども同士がお互いに関心をもち，目と目を合わせて笑い合ったり，真似をしたり，同じことをする姿が見られます。同じものを持ちたい，同じことをしたい，という思いから，ものを巡るぶつかり合いが生じることもあります。「ちょうだい」「かして」と言葉で伝えることが難しいため，自分の要求を通そうとしたり，できないことがあると，噛みつきが見られることもあります。

エピソード 3-17　おもちゃをめぐるぶつかり合い

　1歳児クラスの6月，雨が続き外で遊べない日が続いています。保育室で，アキトが小さな車（自動車）を持って遊んでいました。そこにタクが来て，アキトが手放した車を走らせようとしました。するとアキトが「ダメー」と言ってタクの持っている車を取ろうとします。タクは手放さず，取り合いになりました。タマヨ先生が2人の間に入ろうとしたときに，タクがアキトの腕に噛みつきました。傷にはなっていませんがアキトは驚いて大きな声で泣き出しました。タマヨ先生は2人を左右の膝の上に座らせ，アキトに「痛かったね。アキちゃんが車，使ってたの」と問いかけました。タクには「タクちゃんも車で遊びたかったのね。でもね，先にアキちゃんが使ってたんだって。噛んだらアキちゃん痛かったよ。今度は『貸して』って言ってみようね」とゆっくり伝えました。再びアキトに「タクちゃんも車で遊びたかったんだって」と伝えます。タマヨ先生にやさしく語りかけられているうちにアキトは泣き止み，2人とも落ち着きました。

　アキトとタクの車の取り合いは，タクがアキトの遊びに関心を示している表れと捉えることもできます。このエピソードでは，2人の子どもが1つの自動

車に関心をもったことでぶつかり合いになってしまいましたが，保育者が双方の気持ちを丁寧に言葉にして伝えることで，子どもは自分の気持ちをわかってもらえた安心感が得られたようです。また，相手も自分と同じような思いをもつ存在であることに気が付き，相手の思いを受け入れることができるようになるステップになっています。保育者には，落ち着いて穏やかに関わること，必要に応じて子ども同士の気持ちを丁寧に言葉にして伝えることが求められます。

（3）2歳児
① 「自分でしたい」気持ち

　保育者の手を借りていた1歳の頃より様々なことが自分でできるようになり，「自分で」「自分が」という気持ちが一層強くなります。一方で，他児への関心が高まり，子ども同士の関わりも増えていきます。次のエピソードからその様子を見てみましょう。

エピソード 3-18 自分で拾いたい

　散歩に出かけた公園にどんぐりがたくさん落ちていました。子どもたちは保育者からビニール袋をもらうとどんぐりを拾い始めました。フウカが「フウちゃんのない」と言うと，タイチは自分が拾ったどんぐりを「あげる」と，いくつかフウカのビニール袋に入れてくれました。するとフウカはビニール袋を逆さにして，保育者に「フウちゃんのない」と訴えます。「あーあ」と残念そうなタイチに保育者は「たいちゃん，ふうちゃんにどんぐりくれてありがとう。せっかくくれたのにごめんね。ふうちゃんも自分で拾いたいみたいよ」と伝えました。

　そして，保育者は「ふうちゃん，たいちゃん，こっちに違う形のどんぐりがあるよ」と2人を誘うと，フウカは「あった」と言って拾い始めました。

　最初の「フウちゃんのない」という言葉から，フウカもどんぐりが欲しいのだろうと推察しますが，フウカはタイチがくれたどんぐりを捨ててしまいます。

ここで保育者はフウカはただどんぐりが欲しいのではなく,「自分で拾いたい」気持ちがあることに気付きます。そして別の木の下にもどんぐりが落ちていることを知らせます。フウカは場所を移動して違う形のどんぐりを見つけて自分で拾う気持ちになったようです。

　一方,タイチはフウカの言葉を聞いて,自分のどんぐりをあげますが,すぐに捨てられてしまいます。他児との関わりが増えてくるこの時期,他児への思いやりの気持ちを行動に表す姿が読み取れました。タイチの「あーあ」というがっかりした気持ちに,保育者は「ありがとう」と言葉をかけ,フウカの気持ちを伝えています。保育者のこの関わりによってタイチの気持ちは報われ,次につながることでしょう。

　子どもの思いを常に的確に捉えることは簡単なことではありませんが,子どもの声や言葉,表情や行動などから子どもの気持ちを多角的に捉えようとする姿勢をもって,子どもの「自分で」を尊重しながら関わることが大切です。

② 保育者に支えられた他児との関わり

　他の子どもとの関わりが増え,子ども同士で遊ぶ場面が見られるようになります。自分と他者との区別が明確になり,「自分で」と主張したり,「○○の(自分の)」と何でも自分のものにしたい気持ちが強くなります。また,お互いに自己主張をするので,気持ちのすれ違いやぶつかり合いがよく見られます。その様子を2つのエピソードから見てみましょう。

エピソード 3-19　「これはハンバーグ」

　リサとマコはままごとのコーナーで,フライパンとお鍋に野菜や果物を入れてかき混ぜています。しばらくすると「これはハンバーグ」というリサの大きい声が聞こえました。保育者が近づくと「カレーなの」とマコが半分泣き顔で訴えます。保育者がリサに「ハンバーグを作ってたの」と聞くと「うん」と言います。マコには「カレーが作りたかったの」と聞くと「うん」とうなずきます。保育者が「先生は両方食べたいからハンバーグカレー

を作ってください」と伝え，近くにあった野菜とお皿を2人に渡しました。2人は嬉しそうに「いいよ」と言うと，ままごとの料理作りが再開しました。

　リサとマコはお互いが気になっている存在で，一緒に同じことをして遊んでいます。しかし，2人のイメージは同じではなく，意見がすれ違いぶつかり合いになってしまいました。この時期には一人一人の子どものしたいことが異なっていても，それぞれが自分のしたいことをしたいように遊べることが大切です。このエピソードでは，保育者が2人の思いを聞き，両方の思いを受け止めることで遊びが再開しました。子どもたちは保育者に支えられてそれぞれの思いを実現しながら，無理なく他者と関わって遊ぶ楽しさを感じていきます。

エピソード 3-20　「終わったからいいよ」

　2歳児の保育室にはミキトのお気に入りのゾウやトラ，ライオン，キリンなどの小さな動物のおもちゃがあります。午前中の遊びの時間にも降園前の時間にもミキトはこのおもちゃで遊びます。リツはキリンで遊びたいと思ったようで，ミキトの遊びをじっと見ています。保育者が「『貸して』って言ってみたら」とリツに伝えると，リツはミキトに「貸して」と言えました。ミキトに「ダメよ」と言われてしまい，リツはじっと我慢して見ているようです。

　保育者がミキトに「リツくんも遊びたいんだって。1つだけ貸してあげられる」と聞くとミキトは「終わったらね」と答えます。リツがじっと見ていることに気付くと，ミキトは「これがほしいの」とリツに聞き，「終わったからいいよ」とキリンを渡しました。

　自分のお気に入りの遊びやおもちゃを見つけて，継続して遊べるようになっている子どもたちです。ここでは保育者がリツの気持ちを察して言葉をかけました。保育者に背中を押されてリツは自分の思いを言葉にします。

　「貸して」と言われても，「終わったらね」というミキトの言葉には，貸して

あげなければならないことはわかっているけれど，今はまだ貸したくないという気持ちがあるのでしょう。それでもリツの気持ちも少しわかるようになっているミキトは，自分の気持ちに折り合いをつけて，「終わったからいいよ」と貸すことができました。

　保育室にあるおもちゃなどは〈みんなのもの〉なのですが，この頃の子どもには使っているものは自分のものという感覚があり，手許に置いたり集めたりして自分なりにイメージをもって遊んでいます。友達の言動が気になりながらも，まだまだ自分がしたいことが最優先です。このときのリツのように自分の気持ちをうまく言葉にして表現することも難しい時期です。しかし，保育者はいつも子どもの間を取りもつのではなく，必要なときや場面を見定めて関わることが大切です。子どもの気持ちに思いを馳せながら，子どもの思いや遊びのイメージを大切にして関わることができるとよいでしょう。

※謝　辞
　本章の写真は，てんじん保育園，宮の台幼稚園，東京都内私立保育園，高橋凜ちゃん，長久保叶ちゃん，より提供していただきました。

【注】

※1）スイスの生物学者。

・・・・・・・・・・・・・・・・・・・・・・・ 参考文献 ・・・・・・・・・・・・・・・・・・・・・・・
厚生労働省『保育所保育指針解説書』フレーベル館，2018年。
厚生労働省『保育所保育指針解説書』フレーベル館，2008年。
汐見稔幸監修『保育所保育指針ハンドブック2017年告示板』学研，2017年。
汐見稔幸・小西行郎・榊原洋一編『乳児保育の基本』フレーベル館，2007年。

第3章　演習課題

1. 0歳児クラスに「分離不安」の強い乳児がいます。担当の保育者の姿が見えなくなると不安になって泣いたり，遊べなくなってしまいます。どのように対応したらよいか，他の人と考えてみてください。

2. 2歳児がおもちゃの取り合いをしています。保育者としてどのようなことを大切にして関わりたいか，具体的な関わり方をロールプレイなどで実践してみましょう。

第4章
3歳以上児の人間関係の育ちと保育

本章のねらい

　幼稚園，保育所，幼保連携型認定こども園などの保育の場は，家庭とは異なる，子どもが初めて経験する社会的な集団です。０・１・２歳児の時期に経験してきた人との関わりを基盤として，３歳以上児の人との関わりが広がります。

　領域「人間関係」に示されているように，子どもは園生活のなかで保育者や他の職員，周囲の子どもたち，地域の人々と関わり，他者への親しみを感じ，支え合うことを経験しながら，人と関わる力を育んでいきます。

　他者との関わりにおいては，仲間と一緒にいることを望む，同じことをして喜ぶ，関わりの楽しさを感じる，協同する喜びを味わう，協力して成し遂げる満足感・達成感を味わうなど，様々な体験を積み重ねていきます。そのなかで，多様な感情を経験し，自分の意思をもち，それらを表現しながら自分という存在に気付き，自立心を育んでいきます。

　本章では，実際の保育の場で見られる事例を紹介し，３歳から小学校就学前までの子どもたちの他者との関わり，自己の育ち，保育者の関わりについて学んでいきます。

① 　３歳児・４歳児・５歳児の人間関係に関するおおよその発達を学びましょう。
② 　３歳児・４歳児・５歳児の事例から仲間との関わりを確認しましょう。
③ 　保育の場における事例をもとに，子どもの自己の育ち，他者との関わりについて，保育者の視点から学び，実習などの実践に役立てましょう。

専門的事項

●●●

第1節　自己の育ちと人との関わりに関する発達

（1）3歳児

①　発達の姿

　0歳，1歳，2歳の頃には保育者に依存し，保育者を安全基地にして行動していた子どもたちですが，3歳になると次第にはっきりした自我が育ち，独立した存在として行動しようとするようになります。

　他者がしていることを観察する力や注意力も育ち，大人の行動をよく見ています。子ども自身が日常生活で経験していることもよく覚えていて，遊びの中に自分が経験したことのより具体的な再現が見られるようになります。これまでの遊びより，より具体的な見立てや，場や状況を作って遊ぶ姿も見られます。

　他の子どもへの関心がさらに増し，仲間と一緒にいることを望むようになり，友達がしていることに関心をもって観察して真似するなど，友達の近くで同じことをすること（平行遊び）が楽しい時期です。次第に，遊びや生活のなかで子ども同士の関わりが増え，ものを分けあったり順番を守ったりすることができるようになっていくのもこの時期です。

　さらに，遊びの中で簡単なきまりを守ったり，自分から何かを実現しようとする意欲も現れ，保育者の手伝いをしてお礼を言われたり，他者の役に立っていることを喜ぶ姿もよく見られます。

（注意：ここに記載した姿はあくまでも目安です。発達には大きな個人差があります。目の
　前の子どもの姿を捉えて，その姿を尊重して関わることが重要です。）

②　友達との関わり

　この時期の子どもは友達への関心が高まり，友達がしていることが気になり，同じことをしようとするなど，子ども同士の関わりが多くなっていきます。し

かし，相手の気持ちを察したり，友達に合わせて行動することは難しいので，友達が持っているものがほしくなり，取り合いになることもよくあります。

　次のエピソードを読んで，3歳児の友達との関わりについて考えてみましょう。

エピソード 4-1　「ぼくがつかってるんだもん」（3歳児）

　3歳児クラスの保育室では，登園後，持ちものの片付けを済ませると，ブロックや積み木，ままごとやパズルなどそれぞれ自分で遊びたいおもちゃや道具を取り出して遊んでいます。タケルは赤いブロックだけを集めて，何かを作ろうとしていました。そこにシゲルがやってきて，タケルの近くに座って青いブロックを集め，同じようにブロックを組み立て始めます。2人はときどき目を合わせてにっこりしながら，すぐそばで同じことをしています。タケルはタイヤのパーツを付けて車の形に組み立て，残ったブロックを長くつないで道を作りはじめます。タケルが青いブロックを1つ取ってつなぐと，シゲルが「ダメー」と大きな声を出し，青いブロックを取りあげました。すると，タケルがつないでいた道はバラバラになってしまいました。タケルはシゲルの手を払って，青いブロックを取ろうとしましたが，シゲルが再び「ダメー」と大きな声を出し，タケルをブロックでたたこうとしました。タケルとシゲルは大きな声で泣き始めます。

　2人の泣き声を聞きつけて，担任保育者のチカ先生が「どうしたの」と2人のところにやってきました。シゲルは「ぼくがつかってるんだもん」と泣きながら訴えます。

　このエピソードからは，友達のしていることが気になり，自分も同じことをして遊びたくなったシゲルの気持ちが読み取れます。タケルもシゲルが近くで遊ぶことを認めて，2人は近くで同じことをする楽しさを感じながら遊んでいたようです。車を作り終えたタケルは，今度は色にこだわらず道路を作り始めました。そこでは，シゲルが青いブロックを使ってほしくなかったことには気

付いていません。シゲルは青いブロックは自分が使っているから「自分のもの」
と思っていたのでしょう。それを取られて手が出てしまったようです。たった
1つのブロックをめぐってぶつかり合いが起きてしまいました。

写真4－1　ブロックで車を作る（3歳）
（＊写真はイメージで事例のものではありません。）

　ブロックは本来クラスのもの，みんなのものですが，この頃は自分が遊んで
いるものや使っているものは「自分のもの」という意識が強く，それがぶつか
り合いの原因になることがよくあります。「自分」という意識（自我）が強くなり，
自己主張をしている姿と捉えることもできます。しかし，相手が何をしたいと
思っているのか，何をされたらイヤなのかを察することは難しく，自分の思い
をとっさに言葉で表現することも難しい時期です。

　保育者はそれらのことを十分に理解した上で，まず，双方の子どもの思いを
否定せずにしっかりと受け止めます。そして，場合によっては双方の思いをわ
かりやすく伝える仲介役を担います。さらに，十分なおもちゃや道具の数を用
意するなど，環境の改善につなげていくこともあります。

（2）4歳児

①　発達の姿

　3歳の頃より，よりしっかりとした自我が育ち，自分と他者との違いや区別がはっきりと認識できるようになっていきます。

　他者から見られていることに気付き，自己意識も芽生えてくる時期です。これまでのようにいつも無邪気に振る舞うのではなく，緊張したり，真面目に取り組んだり，場面によって異なる振る舞いをすることもあります。

　自分の思いがあり，それを表現しようとすることが増えますが，うまくいかず，つまづきや葛藤を抱えることもあります。

　自分の思うようにできるだろうか，という不安やつらさを経験することもありますが，このような時に保育者から気持ちを理解（共感）されたり，励まされたりすることで，次の機会には自分が他者に共感して励まそうとしたり，相手の気持ちや立場を思うことができるような感受性が育っていきます。

　そして，友達と一緒にいることの喜びや楽しさをより一層感じるようになり，友達とのつながりが強まり，仲間意識も芽生えてきます。その反面，双方に自分の思いがあるので，意見の食い違いやぶつかり合いも起こります。競争意識も芽生えるので，一番を競ったり，悔しい思いをすることもあります。しかし，仲間と一緒にいるときには，少しずつ自分の気持ちを抑えて相手に譲ったり，我慢することができるようになっていきます。

（注意：ここに記載した姿はあくまでも目安です。発達には大きな個人差があります。目の前の子どもの姿を捉えて，その姿を尊重して関わることが重要です。）

②　子ども同士の関わり

　園生活や遊びの中で，友達の思いとのすれ違いやぶつかり合いを経験し，次第に他者の存在や気持ちに思いをめぐらすことができるようになっていきます。次のエピソードを読んで，4歳児の友達との思いの共有や，他者の思いを受け止める姿について考えてみましょう。

─── エピソード 4-2 色水遊び「混ぜたかったんだよね」（4歳児）───

4歳児クラスの子どもたちがテラスで色水遊びを始めました。園庭に咲いている朝顔やホウセンカ，ツユ草やサルビアの花を分けてビニール袋に入れ，手でもんで色水を作ります。みんなで水で薄めて小さな透明のコップに分けていきます。たくさんのコップが並び，「いちごジュースみたい」「これはぶどうね」と，色水をジュースに見立てて，ジュースやさんごっこが始まります。アサミとモエがジュース屋さんになり，ケンタや他の子どもたちが葉っぱのお金を持って「ジュースください」とやってきます。

そこへ3歳児のリクが来て，色水の入ったコップを持とうとしました。アサミとモエに「だまってとったらダメ」「はっぱのお金もってきて」と言われ，リクはその場を離れます。リクは別のテーブルの上にあった色水を見つけると，それを混ぜて遊び始めます。アサミとモエがそれを見て，「あーあ」「汚い色になっちゃった」と怒ったように言うと，リクは困ったような顔をします。葉っぱを取って戻ってきたケンタが「混ぜたかったんだよね」と言うと，リクは「うん」とうなずいて安心したような表情になりました。

友達と一緒に色水をつくることを楽しむ4歳児クラスの子どもたちの様子がわかるエピソードです。色水をジュースに，葉っぱをお金に見立てて，ジュース屋役とお客役に分かれて，遊びが発展していきます。

アサミとモエは同じクラスのケンタたちには色水ジュースを渡しても，葉っぱのお金を持っていない3歳児のリクには色水ジュースを渡しません。2人には色水を混ぜてほしくないという同じ思いもあったようです。そして，色水で遊びたいと思っているリクの思いには，気持ちを向けることができません。一方，ケンタはリクが色水に興味をもっていて，混ぜてみたかったことを察し，リクの思いを代わりに言葉にしています。実はケンタも1年前にリクと同じような経験をしたことがあったのです。

写真4－2　色水あそび（4歳）
（＊写真は事例のものではなくイメージ）

　4歳を過ぎると友達と同じイメージをもって遊べるようになっていきます。友達との遊びを発展させたり，協力して継続させようとする気持ちが育っていることが読み取れます。しかし，自分たちの遊びの外側にあることや，他者の思いにまで気持ちを向けることはまだ難しく，自分たちのイメージと異なる思いや行為を受け入れられず，否定したり非難してしまうこともあります。そうした経験をしながら，少しずつ他者のしたいことや気持ちに思いをめぐらすことができるようになっていきます。

（3）5歳児

①　発達の姿

　基本的生活習慣は自立し，日常生活に必要な身の回りのことは自分でできるようになります。自分のことだけでなく，困っている友達や年下の子どもを助けたり，世話をしたりする頼もしい姿が見られることもあります。

　自分の好きなことには集中して取り組み，自分でやると決めたことへの意欲や情熱を発揮します。得意でないこと，好きではないことにも少しずつ挑戦できるようになり，人の役に立つことの嬉しさ，認められた喜びや誇らしさを感

じるようになります。

この時期，仲間の存在はとても重要です。仲間と過ごすこと，遊ぶことによりお互いに刺激し合って成長していきます。仲間と同じイメージをもって役割分担をしたり，話し合ってきまりを作って守ろうとする姿も見られるようになります。違う意見も受け入れて，自分の気持ちをコントロールしながら1つの目的に向かって仲間と協力することもできるようになっていきます。

行動する前に考えることもできるようになり，他者の不当な言動について「おかしい」「いけない」など言葉で注意したり，批判する力も芽生えます。

一方で，他者の気持ちに気付いたり，思いやりやいたわりの気持ちが育ち，それを言葉や行動にする姿も見られるようになります。

遊びや生活のなかのルールやその必要性を理解して，自分なりに考えて，良いことと良くないことの区別をし，物事の判断ができる基礎が育っていくのもこの時期です。

（注意：ここに記載した姿はあくまでも目安です。発達には大きな個人差があります。目の前の子どもの姿を捉えて，その姿を尊重して関わることが重要です。）

②　仲間との関わり

仲の良い友達だけでなく，クラスやグループの仲間との関わりをもち，自分の意見を伝えたり，仲間の思いを受け止めて活動することができるようになっていきます。次のエピソードを読んで，5歳児の自己の育ちと仲間との関わりについて考えてみましょう。

エピソード4-3 「動物園がいいね」（5歳児）

5歳児クラス25名のゆり組には5人で構成した5つのグループがあります。グループ活動として，出席人数の報告，野菜や花への水やり，給食や午睡の準備・片付け，担任保育者の「お手伝い」などの当番活動があります。子どもたちは登園するとすぐにそれぞれの活動に積極的に取り組みますが，当番活動を終えるとそれぞれ仲良しの友達と遊び始めます。担任保育者の

　カズマ先生は当番活動以外にグループで楽しくできることがないだろうか，と思っていました。ちょうどその時，園長先生から「紙粘土があるから5歳児クラスで遊ばないか」という提案があり，グループごとに粘土を分けて，好きなものを作る活動を提案することにしました。

　トンボグループのサヤカはリンゴやバナナを作ります。マイは粘土を棒状にしたものをつなげてドーナツを作ります。ヒロムは何を作ったらよいのか思いつかないようでしたが，マイを見て粘土を紐状にしてヘビを作り始め，途中からワニに変わっていきました。キヨシはかたまりからゾウを作っています。それを見て，マコトはトラを作ることにしたようです。それぞれが好きなように好きなものを作っていました。

　しばらくして，カズマ先生が「みんなおもしろそうなものを作っているね。みんなのものを一緒にして何かできたら，もっとおもしろくなりそうだね」と言いました。マコトがワニやゾウを見て「動物園にしようぜ」と呼びかけました。するとサヤカが「果物作ってるからお店屋さんがいいよ」と主張し，マイに「ね，マイちゃん」と同意を求めました。マイは「うん」と小さな声で同意します。するとキヨシが「動物はさぁ，果物とか食べるじゃん。餌にすればいいんじゃない」と提案します。するとサヤカが「動物園の中にドーナツ屋さんとか作れば」と言うと，今度はマイが嬉しそうに「うん，動物園がいいね」と言い，トンボグループでは動物園を作る活動になっていきました。

　この事例では，前日から当番活動を楽しみにしていて，自分の役割に責任をもって当番活動に取り組む5歳児の姿が見られます。仲良しの特定の友達と遊ぶことが楽しくなっている様子も読み取れます。ここで担任保育者の「いつも同じ友達と遊ぶだけでなく，グループの仲間とも協力して楽しい活動をしてほしい」という願いに，タイミングよく紙粘土が用意でき，グループで活動する機会がもてました。

　子どもたちには自分の作りたいものをイメージして形にしようとする力が

育っていますが，仲間が作っているものにも関心をもち，影響を受けたり刺激し合いながら活動している姿も見られます。

　動物園にしようとイメージを広げるマコト，お店屋さんにしたいサヤカ，2人の意見を調整しようとするキヨシ，マイの気持ちを察して動物園の中のドーナツ屋さんを提案するサヤカ，自分のしたいことも認めてもらえて嬉しそうなマイなど，子どもたちは仲間と関わりながら，動物園を作っていくことになっていった事例です。

写真4−3　仲間と作った共同作品（5歳）
（＊写真は事例のものではなくイメージ）

　自分のしたいことや意見を主張する子どもがいるなかで，仲間の意見に押されてしまう子どももいます。主張，我慢，譲り合い，思いやり，嬉しさなど多様な感情を経験し，自分の思いを調整したり，仲間の思いを察したり，折り合いをつけようとする力が育っていきます。仲間の思いと自分の気持ちを交錯させながら，仲間と気持ちが通じ合う嬉しさや楽しさを糧にして，人と関わる力が育まれていきます。

・・・・・・・・・・・・・・・・・・・・・ 参考文献 ・・・・・・・・・・・・・・・・・・・・・

厚生労働省「保育所保育指針」平成 29 年告示。

厚生労働省『保育所保育指針解説〈平成 30 年 3 月〉』フレーベル館，2017 年。

厚生労働省編『保育所保育指針解説書』フレーベル館，2008 年。

汐見稔幸監修『保育所保育指針ハンドブック 2017 年告示版』学研，2017 年。

第4章　確認問題

1．3歳児・4歳児・5歳児の人間関係に関する発達のポイントを，自分の言葉でまとめてみましょう。

2．3歳児・4歳児・5歳児からいずれかの年齢を選び，人との関わりに関する発達を考慮した遊びを考えてみましょう。

演　習

　筆者は大学附属の幼稚園に13年勤務し，未だ担任をもち現場に立っております。保育現場で，子ども同士の関係性を見ていくと様々なドラマがあります。エピソードを通して子ども同士がどのように関わり合い，言葉を交わし，どう一人一人ドラマを作っていくのかを見ていきたいと思います。

1．いつも『仲良く』とは限らない

エピソード4-4 「だって，作れなさそうだから」（4歳児）───

　ある年の4歳児クラスのことです。本園は3歳児から4歳児に進級する際，クラス替えがあり担任も変わります。そのため，4歳児進級時は新しい環境，新しい先生，新しい友達と，子どもにとっては緊張の連続です。これは，どの園でも見られる光景かもしれません。

　子どもたちを見ていると，3歳児で友達だった子と一緒に遊んだり，自分の好きな遊びをしたり，何とか安心できる環境を作り出そうとしています。

　そんな中，この年度の4歳児クラスはよく遊ぶ子たちでした。特に，男の子は新しい友達と，よく関わって遊んでいます。ただ，「こうしたい！」という思いが強すぎるのか，ぶつかり合うこともしょっちゅうです。

　5月を過ぎ，少しクラスに慣れてくると関わり合いも増え同時にイザコザも増えていきます。特に多いのが『物の取り合い』です。どの園でも，またはどの学年でも，この時期はよく見られる光景でしょう。でも，この学年の1学期前半は，勢い余って

手が出てしまうこともあり，内心かなりハラハラしていました。

　ある日，積み木で海を作っていたタケルに，ソウスケが「入れて」と入ろうとしますが，「ダメ」「やだ」と一点張りで，どうしても一緒に入りたいソウスケと一触即発の状態です。私が間に入って事情を聞くと，「作れなさそうだから」（タケル）とのこと。そして，「今日は教えられないから，明日ならいい」とタケルが伝えると，ソウスケは渋々同意し，他の遊びをしました。

（1）「今日は教えられない」の意味は

　「作れなさそう」この言葉に，思わず笑ってしまいそうになりましたが，タケルの言葉をよくよく考えてみると，色々なことがわかります。もしかしたら，ソウスケのことをよく知らず，一緒にはやりたくなかったかもしれません。それが「作れなさそう」という言葉に表現されています。

　タケルは新しい環境にも戸惑いは感じられず，誰とでも関わっていけるように見えていました。しかし，4月，5月は緊張の連続。担任である私が思っている以上に，緊張をタケルは感じ，ちょっと1人で遊びたかったのかもしれません。

　「今日は教えられない」という言葉が示すように，いつも仲良く，いつも楽しく園生活が送れるわけではありません。友達とのぶつかり合い，葛藤，緊張，様々な思いを子どもたちは生活の中で経験します。そんな自分の心の内の思いを，必死に言葉で相手や先生に表そうとしています。

　初任者の頃は，なんとか一緒に遊べるように，相手を説得してしまう自分がいました。確かに，「一緒に」とか「仲良く」してもらうのにこしたことはありません。しかし，双方の思いや，進級してからの姿を考えたときに，必ずしも「一緒」にいることが良いことであるとは限らないのかもしれません。

2．仲良し同士の関係から，保育を考える

（1）いつもの一緒の関係をどう捉えるか

　1学期は比較的よく知っている仲間と遊ぶ姿が多く，新しい環境にも慣れた2学期になると新しい友達とも関係が広がり，だんだん関係性が広がっていきます。これは，比較的どの学年でも（程度の差はあれど）見られる姿かと思います。

　2学期になり，担任としてだんだん気になってくるのが，関係性が広がらない子の存在です。もちろん，友達と一緒に遊ぶことは良いことです。ただ，よく見てみると特定の仲良しとだけしか遊ばなかったり，他の子が遊びに参加してくることを嫌がったり，仲良しがお休みするとまったく遊びに参加できないこともあります。そんな姿を保育者はどう捉えていったらいいのでしょうか。

エピソード 4-5 「世界を広げていく」（4歳児）

　ある年の4歳児クラスでのことです。ヒロトとゴウは何をするのもいつも一緒です。3歳児クラスから2人は同じクラスで，いつも一緒にいた関係です。1学期は進級の不安もあり，一緒にいても担任はあまり気にならなかったようですが，2学期の半ばになってもなかなか関係が広がりません。

　それだけでなく，遊びを見ても，ブロックや積み木などいつも同じ遊びが多かったり，後は園内を歩いていたり・・・もちろん子どもがやっていることを肯定的に見てあげたいし，園内を歩いているだけで何らかの発見をしているかもしれません。しかし，毎日，園内を歩き回るだけでいいのか，と言われるとそうでもないような気もします。

　当時，私は隣の年中クラスを担任し，同じ学年だったので，彼らのことはよく話し合いました。11月になり，クラスで動物を作ることが流行り始めました。2人は，もちろん作りません。でも，転機があらわれます。3歳児クラスで一緒だったケン（その時は，私のクラス）は，時々ヒロトとゴウと一緒にいることが多く，そのケンが動物を作り始めたことで，「やってみ

ようかな」と2人の気持ちが動き始めたのです。

　その時，私と隣のクラスの担任ですぐに言葉を交わし，2人にとっては隣の

クラスだけど，この流れで作っ
た方がいいだろうと，私のク
ラスで空き箱を提供し，作っ
ていきました。その後，2人は，
皆がやっていることに少しず
つ興味を持ち始め，今までやっ
たことのない遊びにも取り組
んでいくようになりました。

（2）関係性の「中身」を見ていくこと

　誤解のないように申し上げると，一緒にいることや関係性が広がらないこと
がダメというのではありません。色々な遊びに興味を示し，誰とでも関わる子
もいれば，自分が好きな遊びに没頭し関係性は狭い子もいます。

　ケースバイケースと言えばそれまでなのですが，大事なことはその子（たち）
が何をしたくて，何に困っているのか，よく見ることだと思います。特に，4
歳児は『自分1人で楽しみたい』思いと，『みんなと一緒にやってみたい』思い
が交錯する難しい年齢です。一緒にいるから大丈夫ではなく，一人一人がやり
たいことをできているかという視点─つまり，関係性の「中身」を丁寧に見て
いくことが必要かと思います。

　さらに，彼ら2人のエピソードのように，一筋縄ではいかない子もいます。
彼らをどう見ていいのか，担任も私もずいぶん悩みました。魔法のような方法
があるわけではなく，1年という長い目で，試行錯誤しながら保育をしていく
ことが改めて大事なのではないかと，彼らは教えてくれているようでした。

3．4歳児で対話をしながら「共有」していくプロセス

　園生活に慣れてくると，友達に興味が生まれ，一緒にしたくなります。4歳児になると，大人の手を借りずに，自分たちで言葉を交わしながら進めていこうとします。しかし，前述したようにぶつかり合うこともしばしばです。

　保育者がどこまで間に入っていくのか，どこまで任せていくのか，4歳児での対応が最も難しいのかもしれません。しかし，子ども同士の動きや表情，言葉の機微を丁寧に見ていくと，実は大人が思っている以上に，子どもは相手のことを感じ，自分なりに相手の思いに寄り添っているのではないかと思うようになりました。

　ここでは，4歳児がどのように言葉をやりとりしながら，イメージを共有していくのかを見ていきたいと思います。

（1）なんとなく「了解」し合う

　進級した1学期はやはり保育者の援助は欠かせないのですが，同じ場にいることとか，同じ物を持っているというのが，『一緒』を感じるキーワードになっていきます。

エピソード4-6① 「" 場 " が拠点となる」（4歳児）

　6月のある日，鳥ごっこをしたいという，ニナの声でお面を作り，園庭にダンボールで家を作りました。すると，それを見た子どもたちが，「入れて」と参加してきます。

　ダンボールはたくさんあったので，やがて色々な子が参加し，たくさんの家が園庭にできました。お面を作る子もいれば，作らずに参加する子もいました。

　最初に始めたニナは，誰がどん

> な形で参加しようとまったく気にも留めていませんでしたが，一緒に参加
> していたサナコは，「お面かぶってないとダメだよ」と言うと，この園庭で
> の遊びは，『お面をかぶる』というのが，何となくのきまりになって遊ばれ
> ていきました。

　園庭に鳥ごっこの『場』ができたこと，そして『お面』という道具を作れば，
その仲間に入れることが，『何となく』ですが共通理解になり，一緒に遊ぶきっ
かけになりました。さらに，それを決定付けたのはサナコの言葉でしょう。

　新しい友達と出会う時には色々なきっかけがあります。遊びに目を向けた時
に，『間口が広い遊び』というのが1つのキーワードになります。間口が広いとは，
例えば，ままごとコーナーのように仕切られた空間で，役割分担がはっきりし
ているような遊びは，友達関係が色濃く現れ，まったく知らない子は断られる
ケースがあります。

　また，お店屋ごっこのように『遊び方』や『役割分担』がはっきりしている
遊びでは，違うことをすると（例えば，お店屋ごっこなのに，料理をする，本を読み
始める等）仲間から指摘されることもあるでしょう。

　こういった遊びは，間口が狭い，つまり自由度が狭いだけに，色々な子が参
加するといった時に難しいケースがあるように感じます。

　間口が広いというのは，エピソードの遊びのように，お面さえかぶればOK，
この場所にいれば何となく皆と一緒に遊べている感覚をもてる，といったよう
な比較的自由度が高い遊びです。そこで，本を読んでも，ままごとをしてもOK
です。自由度が高い（＝何となく一緒にいる感覚）遊びは，子ども同士の関係性が
それほど深くないときには，とても有効かと思います。さらに，自由度が高い
ということはそれほど共通項目は多くはない，ということですが，だんだんと
言葉のやりとりが増え，イメージが明確になっていきます。

（2）相手と共有したい思いと受け手の存在

　2学期になり，子ども同士の関係も広がってきました。すると，自分が抱い

ているイメージや思いを相手に伝えたいと思うようです。子どもたちの会話を聞いていると，「○○ってことね」という言葉が頻繁に生まれるようになります。

　９月のままごとの様子です。６人の女の子がままごとをしています。サナコが「私，風邪ひいたってことね」と言うと，マホが「ちょっとの風邪だったらすぐに治るってことね」と返します。

　この「○○ってことね」という言葉は，４歳児（あるいは３歳児から）の２学期から頻繁に見られるようになります。つまり，自分のイメージを相手に伝えたい，共有したいという思いが高まると見られる言葉です。さらに面白いのは，マホはもしかしたら『風邪』をひいてほしくなかったかもしれません。それを『素』に戻って「風邪ひくのはナシ！」と指摘するのではなく，あくまで『役』になりきって指摘している，とも解釈できます。

　また，子ども同士の言葉のやりとりが成立している様子を違った角度から見ていくと，『受け手』の存在が見えていきます。上述したままごとのエピソードでは６人の女の子が参加し，関係性は広がっていますが，まだ関わり始めた段階です。遊びの様子をよく見てみると，マホが色々な子の言葉（ハッキリと相手に向けて発していない言葉＝つぶやきも含めて）を聞いて，返しているのです。

　今までは保育者が担っていた役割（受け手）を，子どもが担うようになり，子ども同士で遊びや言葉のやりとりが成立していくようになっています。

（3）イメージが違ってくる

　子どもたちの様子を見ていくと，自由度が高く「何となく」の遊びではなく，だんだんとイメージを共通にしようという思いが高まっていきます。言葉を受けてくれる子の存在で，言葉のやりとりも活発になっていきますが，互いにもっているイメージがいつも一緒とは限りません。

エピソード4-6②　「お祭りのイメージは？」（4歳児）

　同じ4歳児の9月の場面です。ホールで大型積み木を並べて遊んでいま
した。偶然2人で積み木を持ち上
げ「ワッショイワッショイ！」と
遊んでいたことがきっかけにな
り，「そうだ！　お祭りしよう！」
ということになりました。一緒に
遊びたい思いが高まっている子た
ちの『目的』が明確になった時は，
物凄いパワーが溢れています。保
育者の手を借りずに，わたあめ作りや紙でハッピを作り始めています。

　そんな中，2人が何やら話しています。ニナがわたあめを作りながら「お
母さんでもいい？」と聞いています。お店屋さんとままごとが一緒になる
ことはよくある遊びで，ニナはそれをイメージしていたのかもしれません。
しかし，サナコは「お祭りでお母さんは変だよ」と返します。自分の意見
を否定されてしまったニナはしばらく黙ってしまい，私もどうしようかな
と思っていると，その会話を聞いていたゴロウが「えー，そういうのあるよ」
と指摘したことで，お母さん役，お父さん役と役割が生まれていきました。

　1学期だったら，お祭りという要素が大きく変わるわけではないので，ニナ
の発言は流されていたかもしれません。しかし，『お祭り』というイメージをもっ
ているサナコは，「それは変だ」と指摘します。今までのように『何となく』の
イメージではなく，もっと明確にお祭りというイメージを遊びとして再現した
い思いの表れだったと思います。

　折り合いという視点から見ると，双方の納得が得られないまま（この場合は，
サナコが渋々納得する形になっている）遊びが進んでおり，多少強引ではあります。
しかし，ぶつかり合いながらも，この遊びをしたいという子どもたちの思いが
表れているようにも思います。

（4）違う意見から，どう対話していくのか

　対話と聞くと５歳児の姿を思い浮かべるかもしれません。しかし，遊びが盛り上がり，仲間同士の関係性が深まってくると，４歳児でも違う意見を聞きいれ，遊びを進めていこうとする姿が出てきます。

　違う年度の４歳児ですが，10月の頃のエピソードです。

エピソード4-7 「子ども同士で対話していく」（４歳児）

　クラスでヒグマになってのごっこ遊びが流行しました。お面をつけて，保育室にあったダンボールで一人一人が家を作ります。ヒグマの仲間がどんどん増え，保育室はヒグマのお家でいっぱいになりました。

　遊びは日に日に盛り上がり，家を園庭に持っていったり，ホールに持っていったり，色んな遊び方が生まれていきました。そんな時，トシが「ヒグマホールやらない？」と提案しました。ヒグマになってホールに行って，歌って踊りたいということのようです。

　クラスの皆に提案すると，みんなもやりたい，とのこと。ただ，ヒグマではなくモグラになっていたユウコが，「だったら，モグラホールもやりたい」と言うと，ヒグマごっこにいちばん夢中になっていたミナトは「モグラはダメ」と反対します。

　ユウコや他の仲間は「ホールを分けるのは？」とか「（モグラとヒグマの違いがわかるように）名前を書くのは？」と色々と提案するものの，ミナトは受け入れられません。どうやら，モグラの人数が多くなると（実際は，２～３人しかいないのですが）自分たちが追いやられてしまうかもしれないという思いがあったようです。

　ミナトは，3歳児の頃からヒグマや動物になりきる遊びが大好きで，進級後もずっと遊んでいました。ヒグマのことや自分の好きなことに対する思いが強く，相手とぶつかってしまうこともありました。

　話し合いが長くなってしまったため，一時中断し，ミナトと残りたい子が数人残り，話し合いを続けることにしました。すると，「やっぱり，モグラはイヤだよね」「俺たち，ヒグマだから強いんだもんな」とミナトの意見を受け入れてくれます。そんな会話を5人でしていると，「じゃあ，名前を書いたらいいってことにしたら？」と1人の仲間が言うと，「そうだね，それに決定！」と笑顔で言い残し，5人で走って遊びにいきました。

　あれだけ反対していたのに，コロッと心が変わったのは何なのでしょうか。改めて，今振り返ると"モグラが嫌だった"のではなく，"モグラが嫌だ"と主張することを通して，ミナトなりに自己表現をしていたのかもしれません。そのことを最もよくわかっていたのは，彼の思いに共感してくれた他ならぬ仲間たちでした。

　子どもたちが自分の思いを伝えられるように，または相手の思いを聞けるように保育者は援助します。しかし，こういった子どもたちの姿に出会うと，子どもには『自分で進めていける力』があるように感じるのです。

　大豆生田（2016）は，子どもたちが遊びこむことで，仲間や道具との豊かな対話が生まれると指摘しています。ポイントは，遊びです。子どもたちが夢中になって遊びこむことで，言葉のやりとりが活発になり，大人が予想もしていなかった仲間同士の関わりが生まれていくのでしょう。

4．リレーを通して，仲間への眼差しが変わっていく

　5歳児では，仲間とすることが特に大事なポイントとして挙げられます。2学期になっていくと仲間同士の対話も活発になっていきます。イメージを共有していくことも，4歳児に比べ上手になっていきます。

（1）遊びを創っていく

> ### エピソード4-8① 「ダンボールリレー」（5歳児）
>
> 　ある年の5歳児でのことです。我が園では，プレイデイという運動会に
> 相当する行事が10月にあります。
> 今年の5歳児は，プレイデイの内
> 容を子どもと相談して決めていく
> ことにしました。
> 　子どもたちにどんな内容にした
> いか投げかけてみると，まず始め
> にダンボールリレーという遊びが
>
>
>
> アキトから挙がります。『ダンボールを置いて，そこに穴を開けてバトンを
> 挿していって・・・』と説明しているうちに，イメージがどんどん沸いて
> きたようで，『スタートして途中のイスに置かれたバトンを取って，ポール
> を周り，再度イスにバトンを戻す』。これをダンボールリレーと名づけまし
> た。話している途中で，イメージが変わってきたので，ダンボールという
> 題名は入っているけど，ダンボールは出てこないリレーが完成しました。
> 　その他，水飲みリレーというのも挙がります。園庭からスタートして，
> 保育室まで行き，水を飲んで戻ってくるというものです。無理だろうと内
> 心思っていましたが，実際にやってみると面白いのです。
> 　この2つの遊びが盛り上がりました。いつもは外で遊ばない女の子もこ
> の遊びがきっかけになり，参加するようになりました。そのうちの1人，ユ

キは外には楽しそうにやって来るものの，ダンボールリレーは走りません。でも，自分でできる役割を見つけて，バトンが置いてあるイスに腰かけて，バトンを渡す人になっていました。担任が，"やりなさい"と強制したわけではありません。参加したい思いをこういう形で表現するのです。

「走るか／走らないか」の世界にはない選択肢です。ユキは玉入れで，『玉が外に出ていってしまったのを，元に戻す係』も考案しました。

自分たちで作った遊びというのが良かったのか，ユキのこういった姿を誰もとがめず，むしろユキの姿がきっかけになり，ダンボールリレーの遊び方はどんどん進化していきます。

（2）仲間に認められる経験

9月中旬，それまで候補に挙がっていたのは，○○リレー。隣のクラスは玉入れや相撲なども候補に挙がり，遊びの中でやっています。そこに，我がクラスの子たちもリレー系以外の運動に参加するようになります。そこで，脚光をまず最初に浴びたのは，トウマ

でした。相撲で相手に押されても土俵際で「のこる」んです。

この頃，子どもたちは，走る前から「俺は遅い」とか，「○○君は速いから，勝てない」と，自身を過小評価している子が多い時期でした。そして，失礼なことに相手にも「○○君は遅い」など，勝手に過小評価しています。それが，この相撲で覆ります。次々に勝利を収めるトウマを見て「前は弱かったけど，強くなったな」とヨウタロウがつぶやきます。

この相撲がきっかけになり，トウマは毎日，外でリレーや相撲に没頭していきます。4月はリレーでチーム分けをしても「絶対負ける」「俺，遅いもん」と走る前から弱音を吐いていた姿は，もうありません。友達に認められ，遊びに

没頭していくことで，自信がついていったように感じます。

（3）自分の思いを主張し始める

　リレーや相撲という遊びがきっかけになり，トウマのように自己肯定感が高まった子たちがこの時期増えていったように思います。すると，安心して自分を主張し始めます。思ったことを，どんどん言えるようになります。

エピソード4-8② 「相手を思いやることからルールが生まれる」（5歳児）

　9月の下旬，通常のスタイルのリレーが流行り始め，今後のリレーの遊び方が変わる1つの出来事が起こります。自分のチームのユウトが転ぶと，ソウタが，「ちょっとストップ！」と大声でリレーを止めました。すると相手チームの子は，「なんでだよ！」と食ってかかります。

　ソウタ「だって，転んだから遅くなって負けるもん」

　相手チーム「いいじゃん，それでも」

　ソウタ「よくない！」

　相手チーム「それが，リレーだよ！」

　ソウタ「それじゃあ，面白くない！」

　それは，凄い剣幕でした。今までそんなに思いを言わなかったソウタの発言だっただけに，その場にいた子たちが真剣に様子を見ていました。「それがリレーだ！」と相手チームの子が言うように，通常は転んでも中断はしません。でも，ソウタは自分勝手にルールを変えようとしているのではなく，転んだ子の気持ちに寄り添おうとしているような気がします。

　そして，この日を境に誰か転んだりすると，リレーそっちのけで転んだ子を介抱するようになりました。9月の頭は，誰かが転んでも誰も行きませんでした。むしろ，誰も気付いてもいませんでした。それが，勝ち負けそっちのけで，どっ

ちがリードしていても，中断し，それに対して，誰も文句は言いません。中断するというルールができた訳ではありません。『それじゃあ，楽しくない』とソウタが発したように，勝ち負けよりも大事なことに子どもたちは気付き始めたのかもしれません。

（4）1人の悩みを皆で考える

　その日を境に，子どもたちがよく話し合うようになりました。そして，『自分が勝つ』ことだけでなく，相手のことを気にしていくようになったように感じます。

┌───┐
　エピソード4-8 ③「1人の心配をみんなが考える」（5歳児）

　　プレイデイの前日，ユキが「私は走らない」と言い出します。その前も同じようなことがあったのですが（その時は，お母さんが見てくれたら走れる，とのことだった），今回は「私は遅いから，みんなに迷惑がかかる」とのことでした。

　　このことを皆に言ってほしいといわれ，クラスで相談しました。すると，「一緒に走ったらいいよ」とか「練習すれば速くなるよ」と意見が挙がります。練習するといっても本番は明日です。あまり現実的ではありません。

　　一緒に走るというのは，ユキも安心したようで，「ナナとサユとだったら走れるかも」とユキがつぶやきます。ナナとサユは，ユキが泣いたり不安を抱いていると4歳児の頃から手を握ってあげたり，何かと気にかけている間柄でした。2人も「いいよ！」と同意しますが，他の子から「3人で走ると遅くなっちゃわない？」という意見が挙がります。すると，「じゃあ，前の方にして，アンカーはソウタだから絶対大丈夫だよ！」という声が挙がります。

　　その日の午後，ユキとナナ，サユに加えサクラとミユウの5人の練習が始まりました。すると3人だとバトンを誰が持つかなど研究を重ね，サクラも自分のことのようにアドバイスを送ります。ユキも「3人なら走れる

かも！」と安心したようです。

　私がその場を離れても練習を続け，しばらくすると「せんせーい！」と大声でアイがやってきます。「どうした？」と聞くと，「ユキが1人で走ったよ！」と報告に来てくれました。「1人で走れる顔してたから，走ったら？って言ったら，走れたんだ！」とまるで，自分のことのように教えてくれました。

　当日を迎えリレーが始まる直前まで，ユキを挟むようにアイとサユが座ってくれます。でも，笑顔で「私，1人で走れるかも」とユキが言います。「本当に？」「大丈夫？」と心配する2人をよそに，予想外にユキは満面の笑みでした。

　アイとサユは違うチームだったので，一足先にリレーで走りました。ユキのチームの番になり，いよいよユキにバトンが回ってこようとした10秒ほど前だったでしょうか。アイがパッとユキの元に走りよりました。走る直前だったので，「え？どうした？」と内心思いましたが，アイとサユは最後の最後まで，ユキが1人で走れるか確認しにいったのです。ユキは無事に走ることができ，満面の笑みでリレーを終わることができました。

（5）『自己充実』と『仲間からの信頼の循環』が，心の対話を育む

　リレーという遊びに没頭していくことで，対話が活性化し，仲間への見方が変わっていきました。紙面の都合上，書ききれないエピソードがたくさんあるほど，この年の5歳児のリレーはドラマが満載でした。

　その背景には，トウマのエピソードに象徴されるように，一人一人が仲間や先生に認められ充実していることが挙げられます。「③1人の心配をみんなが考

える」で，さらっと書きましたが，「じゃあ，前の方にして，アンカーはソウタだから絶対大丈夫だよ！」と，仲間から全幅の信頼を集めているソウタ。勝負に並々ならぬ思いがあり，以前は負けると泣いて物に当たってしまうこともありました。彼が大きく変化したのは，こうやって仲間から認められたことがきっかけでした。負ける経験もたくさんしました。そのたびに，抜けてしまうこともありました。でも，こうやって仲間から信頼され，『粘り強さ』が芽生えていきました。

　こうやって見ていくと，『自己充実』と『仲間からの信頼』の循環が大事なのかなと思います。"やってみたいけど，ドキドキする"そんな葛藤を乗り越えたり，意見を言えるようになったり，負けても粘り強く取り組むようになること（自己充実）。すると，仲間が認めてくれたり，あるいは「やろう！」と言った時に呼応してくれたり，困ったら助けてくれる（仲間からの信頼）。

　言葉のやりとりだけでなく，仲間関係が充実してくる5歳児にとっての対話とは『心のやりとり』も含んでいるのかもしれません。

・・・・・・・・・・・・・・・・・引用・参考文献・・・・・・・・・・・・・・・・・

大豆生田啓友編『「対話」から生まれる乳幼児の学びの物語―子ども主体の保育の実践と環境』学研プラス，2016年。

第4章　演習課題

1．いつも一緒に仲良く遊んでいる2人組の子がいる場合，あなたなら2人組の何を見ますか？　考えてみましょう。

2．もし，あなたの友達同士が言い合いをしている場合，どうやって仲裁に入りますか？　具体的に思い描き考えてみましょう。

第5章
「個」および「集団」の育ちと保育

本章のねらい

　領域「人間関係」では，子どもたちの「個としての自立心を育てること」と「人と関わる力を養うこと」が目指されています。一見するとこの2つは矛盾する事柄のように思えますが，人間関係の育ちを考えたときには密接に関係しているといえます。また，クラス単位での集団保育を基本とした保育現場においてはとても重要な視点です。

　保育現場においては，子どもたちすべてが集団の中で充実した時を過ごし，自己を発揮しながら心身ともに健やかに育っていくことが大切です。以下の3つの点から保育現場における「個の育ち」「集団の育ち」について考えるとともに，保育現場のエピソードから保育実践について具体的に学びましょう。

① **保育現場における人間関係の育ちについて理解しましょう。**

　子どもは大人に対する基本的信頼感をもとに安定して生活するようになり，活動範囲を広げていきます。保育現場における子どもの人間関係の育ちについて具体的に理解しましょう。

② **保育現場における「集団」について学びましょう。**

　幼稚園や保育所，認定こども園における保育は，クラス単位あるいは小グループにおける集団保育が基本となります。保育現場における集団の考え方やそこでの保育の実践について学びましょう。

③ **「個」の育ち「集団」の育ちを大切にした保育について実践から学びましょう。**

　保育実践のエピソードから，具体的な実践方法や実践の難しさなどについて考えてみましょう。

専門的事項
●●●●●●●●●●●●●●●●●●●●●●●●●●●●●●●●●●

第1節　自立心を育て人と関わる力を養う

（1）「個」としての育ち

　人は生まれてしばらくの間，身近な大人の手を借りなければ生命を維持することができません。そして，成長とともに身近な人との信頼関係を基盤として活動範囲を広げ，たくさんのことを学んでいきます。人として生まれ，人として生活していくために，乳幼児期の人と関わる力の育ちはとても重要であるといえます。まずは「個」としての育ちについて考えてみましょう。

エピソード5-1 できたー！（1歳児）

　ミサトとショウタは椅子に座ってそれぞれシールを台紙に貼って遊んでいます。ミサトはシールを1枚貼り終えると，チラッと保育者を見ます。保育者がミサトに微笑みかけると，ミサトもにっこりと笑い，手をたたいて喜びます。ショウタはシールをはがせないと「うっ，うっ」と言ってシールを保育者に差し出します。保育者がシールの端を少しだけはがして，ショウタに戻します。ショウタは嬉しそうにシールをはがして台紙に貼っています。

　エピソードにあるように，乳幼児期の子どもは応答的に関わってくれる保育者の存在があることによって安心して園で過ごせるようになっていきます。そして保育者への信頼感を基盤にしながら自分の力でできることに挑戦していきます。またできたことを一緒に喜んでくれる保育者がいるからこそ，できたときの満足感や達成感が高まり，次の挑戦へとつながっていくのです。自分の力でできることを積み重ね，次第に自立心が育っていきます。

　保育所保育指針には3歳未満児の指導計画の作成について「一人一人の子ど

もの生育歴，心身の発達，活動の実態等に即して，個別的な計画を作成すること。」とあります。身辺の自立が確立しておらず，発達の個人差が大きい乳児や3歳未満児の保育においては，保育者による個別の関わりが必要になってきます。そのため，クラスの子どもたちをさらに小グループに分け，グループを保育者が担当するという担当制保育を実施している園も多くあります。

（2）「集団」としての育ち
① クラス集団

　3歳以上児になると運動会や発表会などクラス単位や年齢単位での集団の活動が増えてきます。クラス編成の仕方は園によって異なりますが，多くの場合同じ年齢の子どもたちでクラスを編成しています。また縦割りクラス（保育）といって3歳児，4歳児，5歳児数人ずつで1クラスを編成している園もあれば，4歳児と5歳児でクラスは別だけれども，広い保育室を一緒に使っている園もあります。

　では1クラスの人数はどうでしょうか。幼稚園における1クラスの人数は35人以下と決められています。そして1クラスの保育者の数は1人以上とされていますが，3歳児の場合は2人で担当する園も多いようです。保育所における子どもの人数は，保育者1人に対して3歳児で20人以下，4，5歳児で30人以下と決められています。

　上記で見てきたように，3歳児になるとクラスという大きな子ども集団の中で生活するようになります。保育者が保育をする対象として対峙する子ども集団は大きいものですが，子ども一人一人を理解するという基本的な考え方は変わりません。クラスという集団に無理に子どもを当てはめようとすると，子どもの主体性や自信は失われてしまいます。子ども一人一人が過ごしやすく自己を発揮できる集団を作るという視点でクラスを捉えていくことが重要になってくるでしょう。

②　協同性の育ち

　子どもたちは保育において友達との関わりを重ねる中で，同じ目的に向かって取り組むことの楽しさや，やり遂げたことの達成感を感じるようになります。その中で自分の考えを主張することと同時に，友達の意見に耳を傾け取り入れたりしながら，協同して活動することの大切さを学んでいきます。そして友達と協力して取り組む活動では，子どもたちが大人の想像を超えた力を発揮することがあります。次のエピソードを見てみましょう。

エピソード5-2　2階建てバス（5歳児）

　T幼稚園の園庭には，5歳児が製作した木製の汽車や新幹線，パトカーなどの大型遊具が並んでいます。毎年何を作るか5歳児全員で話し合い，製作をする遊具が決まると自分のノコギリやカナヅチを持参して協力しながら大型遊具の製作が始まります。

　5歳児クラスのそら組では，今年製作する2階建てバスの色について話し合っています。担任のヤスダ先生が何色にしたらいいか尋ねると，サキが「ピンク色がいい。」と言いました。先生が「どうしてピンク色がいいと思うの？」と質問すると「ピンク色がかわいいから。」と答えます。するとアッシが「ピンク色なんておかしいよ。だってピンク色のバスなんてないもん。」2階建てバスの色を何色にするかという話し合いは続きます。

　同じく5歳児のほし組では，帰りの会でバスの製作の話になりました。ミュウが「ショウマくんとさ，タカユキくんとサトシくんは全然バス作らない。」と口をとがらせて言います。するとタカユキは「だって遊びたいから・・・。」と反論します。担任のヤスダ先生は「7月15日頃には完成させたいのだけど，どうしたらいいかな？」とクラスのみんなに問いかけま

した。「まずさ，バスを作ってさ，それから遊べばいいんじゃない？」とマ
サユキが提案します。

　7月15日，緑と白の2色で塗られた2階建てバスが完成しました。完成
を待っていた4歳児クラスと3歳児クラスの子どもたちがバスに乗って楽
しそうに遊び始めます。

　エピソードにあるように，5歳児になると友達と同じ目的に向けて協力しな
がら取り組み，やり遂げる姿が見られるようになります。その過程において子
どもたちは，自分の思い通りにいかないことにもたくさん直面します。保育者
が解決策を提案し，それに従わせることで作業を進めることもできますが，そ
れでは子どもたち自身が考えながら友達と協同する機会を奪ってしまうことに
もなります。じっくり話し合いが行われ，それぞれが納得し力を合わせるから
こそ大きな成果や達成感へと結びついていくのです。

　子どもたち自身が他の子どもたちと試行錯誤しながら活動を展開し，協同し
て行うことの難しさや楽しさ，そして充実感がもてるよう保育者は援助の工夫
をしていくことが重要となるでしょう。

第2節　遊びを通しての保育

（1）遊びにおける「個」と「集団」の問題

　幼稚園教育要領の幼稚園教育の基本には，幼児の自発的活動としての遊びの
重要性と遊びを通しての指導を中心とすることが示されています。子どもの遊
びとはどのような特徴をもつのでしょうか。遊びに関する理論はたくさんあり
ますが，「遊び手が自ら選んで取り組み，遊ぶこと自体が目的である活動」[*1)] と
して遊びを捉えます。

　遊びを通しての保育が基本であることから，ほとんどの園で時間の長短はあっ
たとしても「自由遊び」の時間を保育に組み込んでいることでしょう。では，
この「自由遊び」について考えてみます。遊びとは遊び手自らが選んで取り組

む活動ですから,「自由遊び」の時間にクラスの子ども 30 人がそれぞれ違う遊びに取り組んでいたらどうでしょうか。子どもたちの遊びを援助するどころか,一人一人の遊びの様子を把握することさえ難しくなってくるでしょう。そのためただ危険がないように遊びを見守るだけになり,結果的に子どもたちを放任することになります。これでは「遊び」が遊びを通した指導として子どもたちの「学び」へと結びついていきません。そこで,クラスのみんなで鬼ごっこ遊びをすることにします。ここでは自分のやりたかった他の遊びをあきらめて鬼ごっこに加わる子どももいるでしょうから,一斉活動の 1 つとなり本来の自発的な活動としての遊びとはなりません。

「自由遊び」において自分のクラスの子どもたち一人一人を把握し,適切な援助を行っていくことは,クラス保育を基本とする日本の保育現場において多くの保育者が直面する課題であるといえるでしょう。

(2) 遊び「集団」を育てる

中山 (2011) は前項に見られるような自由遊びにおける保育の難しさを指摘し,子どもたちがいくつかの小集団で群れて遊ぶようになれば,保育者がクラスの子どもの遊びを把握することが可能になる[*2] としています。この集団とは遊びのための集団ですから,外から強制された集まりではなく,「○○ちゃんと遊びたい」「△△をして遊びたい」といった心理的なつながりをもった集団であるといえます。

心理的なつながりをもった子どもたちの小集団を形成するため,どのような保育者の援助や環境構成が考えられるでしょうか。小川 (2010) は,子どもたちが密集して遊ぶ室内遊びに着目し,保育室に室内遊びを持続させる条件が用意されなければならないとしています。そして保育者が制作する姿(モデル)を見せるベースキャンプとしての制作コーナーと,そのほかにままごとコーナーや絵本コーナーなど 1 ～ 3 のコーナーを設置することを提唱しています[*3]。それらは子どもたちが自らの動機で活動へと取り組む場となり,遊びたいという動機でつながった小集団を形成していくとしています。

　クラス保育が中心である保育の現場において「個」と「集団」をどのようにt
捉え，援助していくかということはとても難しい課題であるといえます。保育
者は子どもたちすべてが居心地の良い集団の中で，個を発揮できるように援助
していくことが求められています。

【注】

※1）小川はホイジンガの遊びの定義にならい，遊びについて第1に遊びは遊び手が自ら選
　　んで取り組む活動である。第2に遊び手が他の目的のためにやる活動ではなく，遊ぶこ
　　と自体が目的となる活動である，第3に，その活動自体楽しいとか喜びという感情に結
　　びつくものである。第4に，遊びは自ら選んでその活動に参加しなければ，味わうこと
　　ができないと定義しています（小川博久『遊び保育論』萌文書林，2010年，p.46）。
※2）例えば28人のクラスであった場合，小集団に群れていなければ28か所に行って子ども
　　と関わらなければならないが，3〜4の集団に群れていれば，3,4か所の遊びを把握す
　　ればいいとしています（中山昌樹・小川博久『遊び保育の実践』ななみ書房，2011年, p.9）。
※3）小川博久『遊び保育論』萌文書林，2010年，pp.102-121。

・・・・・・・・・・・・・・・・・・引用・参考文献・・・・・・・・・・・・・・・・・・

小川博久『保育援助論』生活ジャーナル，2000年。

第5章　確認問題

1．以下（1）〜（4）について本書の内容に合っていれば〇，異なっていれば
　　×を記入しなさい。

（1）3歳未満児のクラスにおいてはクラスの計画を作成するため，個別的な計
　　　画を作成する必要はない。
（2）3歳児，4歳児，5歳児で1つのクラスを編成することを縦割りクラス（保
　　　育）という。
（3）心理的つながりをもった遊びの集団を形成することによって，保育者が子
　　　どもたちの遊びを把握しやすくなる。
（4）幼稚園の4歳児33人のクラスでは，2人以上の担任が必要である。

（解答は p.194）

演　習
・・・

1.「個」と「集団」をどう理解していくのか

（1）集団は，枠ではない。一人一人を見ていく大切さ

　個と集団は，今までも多くの研究会や研修会でテーマとして掲げられるほど，大事なテーマでもあり，また難しいテーマでもあります。どちらも大事ですが，1 人に対応すると，集団が見えづらくなり，集団にばかり目が行きがちになると，個々が見えなくなります。

　日本は無藤（2009）が指摘するように，同調性の高い国民であるが故に，人間関係をとても重要視しており，"みんなで"行う行事が諸外国より多いという実態があります。目的を共有していくことや，集団が育つことは大事ですが，集団が育つための当番や行事などの『内容』が本当に，子どものためになっているのでしょうか。

　例えば，こんな話を聞きました。ある園では，トイレに行く際に決まった時間に，全員でトイレに行くそうです。この園では，トイレに自由には行けず，保育者が指示した時間にトイレに行かなければなりません。A君は，保育者が指示したトイレ時間にはいつも行かず，おもらしをしてしまうことが多いそうで，保護者に「集団生活を守らず，困る子」というレッテルを貼られてしまったそうです。

　この時代に，トイレに行く時間が決まっている園も珍しいですが，もう少し客観的な視点で見ると，トイレに行くという行動を『集団行動』としたときに，A君はそこにはみ出る困った子ということになります。

　多くの園でクラス単位であれ，グループ単位であれ，一緒の活動というのは存在すると思います。その際，「やりたくない」という子もいるでしょう。子どものこういった声をどう受け止めていけばいいのでしょうか。

エピソード 5-3 「やりたくないの意味は」（4歳児）

　ある年の4歳児でのことです。集合になると，決まって保育室からいなくなり，なかなか戻ってこないヒロシ。補助の先生が迎えに行ってもまったく聞く耳をもたず，最終的に抱きかかえるなどして保育室に戻ってきます。そんな日々が毎回続くと，「またか」と思ってしまうこともしばしばありました。

　集合になると決まって保育室に戻ってこない姿は，よく見られる姿でもあります。ただ，担任としては，片付けをしたり，他の子どもたちにも声をかけていかないといけない，たくさんのすべきことがあると次第に心の余裕がなくなっていきます。

　6月になり，またいつものように戻ってこずにブランコにいるヒロシ。"またか"と内心思いましたが，意を決して，"もう今日はとことん付き合おう"と遊びに付き合いました。しばらくして「10回やったらいこう」と伝えると，驚くほど素直に保育室に入っていきました。

　今振り返ると，"戻ってこない"という彼の行動は，先生と一緒に遊びたいという彼なりのサインだったのかもしれません。それ以降，多少波はあるものの，担任である私がじっくり遊びに付き合うことで，気持ちの切り替えがスムーズになっていきました。

　それまで困った子という見方でしたが，じっくり付き合うと互いに「わかり合える」一致点が見出され，彼への見方が変化していきました。

　当時の白梅短期大学の教授で附属幼稚園の園長でもあった久保田（2003）は，『集団は枠ではない』ということを強調しています。つまり，集合時は全員座る，トイレには決まった時間に行くという行動が，『枠組み』になってしまうことで，そこから外れてしまう子を『困った子』という認識をしてしまいます。

　もちろん，保育をしている際，これだけは全員でやってもらわないと困るということも当然あると思います。さらに，「困った子」と保育者が思うことも当然あります。一人一人の思いに寄り添うことで，違う見方をしていくことの大

事さを久保田は指摘しているのです。

（2）『見る』のではなく，『見える』ようになる

　担任になるとクラスに在籍する子どもたちの保育をします。しかし，一斉に何かをしている時を除いて，全員に一度に対応することは困難です。

　また，一人一人の思いに寄り添うことが大事と先ほど書きましたが，そう簡単ではありません。私も初任者の頃は，"これをしないと"という思いから，なかなか余裕がもてず，子ども一人一人の思いに寄り添えていたかどうか…。

　また，5歳児を担任するようになり，クラスの変化や集団を見ようと思っても，見えるようで見えない，そんなジレンマを抱えていました。

エピソード5-4 「保育者が面白がることで…」（5歳児）

　数年前の5歳児でのことです。6月にお店屋ごっこをしました。その際，お菓子屋さんでハンバーガーをダイチが作りました。工作コーナーに行き，彼が選んだフェルトで私も一緒に手伝  いながら完成すると，本当に嬉しかったようで頬ずりしながら，売る日までずっと持っており，毛玉だらけのハンバーガーになっていました。

　たったそれだけの（文章にすると）短い出来事でしたが，担任になって数年経過し初めて（?）心の底から「面白い！」と感じたのです。すると，もっと面白いエピソードが『見える』ようになってきました。

　例えば，あまり初めてのことには挑戦しなかったヨウスケがリレーで活躍するようになります。私が何気なくつぶやいた「諦めなくてカッコいい」と言った言葉が，彼はよほど嬉しかったようで，ヨウスケはその後も色々なことに挑戦していくようになります（そのたびに，彼は「僕，諦めなかったよ！」とアピール！　どうやら，諦めないというのが彼の内でキーワードになったようです）。

ヨウスケがリレーに夢中になってい
くと，他の子どもたちも「ヨウスケみ
たいに諦めないでやろう！」と，影響
していくのです。１人の子の変化が，
仲間あるいはクラス全体へ広がってい
きました。

　クラス全体，あるいは集団を見ようと思ってもまったく見えなかったのです
が，１人の「面白い」と思った姿を見て行くと，１人の興味が仲間に波及しク
ラス全体に影響するなど，だんだんクラス全体が見えるようになってきたので
す。

　この出来事がきっかけになり，今まで見えなかったものが見えるようになっ
てきました。１人の子の興味や取り組んだことが，やがて隣の子に影響し，そ
してクラスの中でのインフルエンサー的な役割を担う子（この子が始めると，多く
の仲間に浸透していくような存在。クラスに１人はいるような気がしますね）が始める
ことで，より多くの仲間に拡散していきます。それは，一つ一つバラバラだっ
た個々が，シナプスのようにつながっていくようでした。

　すると，さきほどインフルエンサー的な存在と書きましたが，誰がどんな役
割を担っているのかが「見えて」くるのです。リレーでは，この子が言いだしっ
ぺになることが多くて，受け手の役割はこの子とこの子で，すると周りの子た
ちに影響していくなあと，遊びの中での子どもたちのダイナミクスが見えるよ
うになってきました。

　記録や振り返りなど他にも取り組んだことはありますが，ポイントは自分自
身の心が動いたことだと思います。つまり，見ようと思って見えたのではなく，
“面白い！”と思ったから結果的に『見えて』きたのです。

（3）面白がる姿勢

　これは，保育の根幹に関わる事柄です。養成校で勉強し，あるいは現場に入りたくさんのことを教えられると，"こうしなければならない"ということが頭の中に充満します。保育とはこうあるべき，ということや，指導計画通りに保育を進めなくてはいけないということに気がいきます。

　しかし，「ねばならない」という意識は，目の前をくもらせることもあります。5歳児ではこうあるべきという固定観念や，あるいは計画通りに進めようとすると，子どもの思いとズレてしまうことが多々あります。

　今，計画通りに保育をするという考え方ではなく，『子どもの姿から保育を考える（計画する）』という保育が浸透しつつあります。その時に大事なことは，今目の前で起こっている子どもの姿を捉えていくことです。

　可能な限り子どもたちが興味のあることから指導計画を再構成していくためには，「ねばならない」という荷物を少し軽くし，保育者自身が面白がることが求められます。すると，見えなかったものが『見える』ようになり，結果的に「明日はこういうものを出しておこうかな」と環境を構成したり，「この子のここを保護者に伝えたい！」と記録を作って発信したくなっていくような気がします。

　その根幹は，保育を面白がることです。子どもたちの「おもしろい！」に出会うことで，子どもへの見方も，保育への考え方も変わっていくように思います。

2．協同性の高まり

（1）協同性の高まりと現状の課題

　年齢が高くなるにつれ，目的を共有して遊ぶことが大事とされ（無藤），幼児期の終わりまでに育ってほしい姿の項目にも「協同性の高まり」が目指すべき方向性として明記されています。これまで論じてきたように，子どもは集団の中で，仲間との遊びに楽しみを見出し，イメージを共有して遊び，対話しながら目的を共有して遊ぶようになっていきます。

　無藤（2013）も指摘しているように，幼児期の終わりまでに育ってほしい姿や

この協同性は目新しいものではありません。おそらく，どの園でも５歳児になると協同性を大事にし，目的を共有することが楽しめるような保育計画が立案されていることでしょう。

ただ，一方で懸念事項もあります。子どもたちの生活や遊び，そして成長を願うための「方法」として計画した行事や活動が，いつの間にか行事や活動をいかに成功させるかということが子どもの成長と，すり替わっていることです。

大人が指導すれば見栄えの良い作品，ドラマのある運動会，感動の鼓笛隊は，いくらでもできるでしょう。さらに，「見栄え」は一目で出来・不出来がわかります。つまり，見る側（保護者など）は，保育の中身がわかりやすいのです。ただ，一見して素晴らしく見える「見栄え」は，本当に子どもの成長や学びになっているのでしょうか。行事や活動は，本当に必要なのでしょうか。

もう１つは，「集団活動」をあまりにも重視しすぎていることです。協同性が大事と言っているのに矛盾ではないか？　と感じられるかもしれません。ここで言う「集団活動」とは，クラスみんなでの活動を指します。園によっては（ほとんどだと思いますが），行事や活動はクラス単位で行っていると思います。

例えば，ある園では７月になると園全体でスイカ割りを楽しむそうです。その後，５歳児のみゼリーを作るのです（割ったスイカゼリーではなく，保育者が事前に購入してきたミカンだそうです）。

クラスで目的を共有して１つのことに向かって欲しいという理念のためのプログラムだそうですが，１日にいくつも活動を設定することが，果たして子どもの豊かな学びにつながるのでしょうか。

（２）保育の中の「不易」と「流行」を考える

誤解を恐れずに申し上げると，「みんなで行う」ということが，大事と思いすぎではないでしょうか。あるいは，「５歳児だから」とクラス全員で行うことがあまりにも多すぎではないでしょうか。「一斉に」，「全員で」，「同じこと」をというのは，無理があると思います。

無藤（2009）は，その著書の中で協同的な活動について詳細に記載していますが，

幼児の場合の活動や遊びが，10 数人になると保育者がかなり支えていく必要があると指摘しています。

　つまり，クラス単位で行う活動というのは，保育者の援助や準備，計画がかなり周到に必要であり，相当な支援が求められるということです。

　「一斉に」，「全員で」，「同じこと」を行う活動の中で，あるいはそういった活動が休むまもなく計画されている中で，先ほどから述べてきたような一人一人を丁寧に見ていくこと，が可能でしょうか。"私はできる！"というスーパー保育者は別として，多くの場合，難しいでしょう。「ねばならない」事柄が多いほど，目の前の子どもが見えづらくなる可能性があります。

　現代の保育の課題は，園文化として行われてきた行事や活動が非常に大きなウェイトを占めていることです。そして，保育者の計画通りに行われてしまう結果，子どもの興味の反映，一人一人の子ども理解などの，『そのプロセスにおいてどのように子どもたちが変化していったのか』という保育において非常に大事な要素が抜け落ちてしまっているように感じます。

　これから時代が大きく変わります。「不易」と「流行」という言葉が指し示すように，どう新しい文化を取り込み，どの文化を財産として残していくのか，各園の創意工夫が求められています。当たり前を見直し，新しく保育を創っていく意識を高め，一緒に考えていきましょう。

（3）協同性の高まりの実際

　クラス単位での活動は行わない方がいいのですか？　と言われると，そうではありません。一人一人の遊びを重視している園においても，クラス単位での行事はあります（ただ，行事の数はかなり少ないです）。また，子どもにとってクラス単位で行うことが必要であることもあります。あるいは遊びが展開していくうちに結果的にクラス全員を巻き込んで進んでいったということもあるでしょう。

　協同性とは，仲間とイメージや目的を共有し，協力して進めていくこと[*1)] です。それは，クラス全員で行わなくても，数人の仲間と進めることもできます。今回は，遊びの中から立ち上がった協同的な子どもたちの姿を紹介します。こ

れは，4歳児でも協同的に遊ぶ姿があるのか！と驚いたエピソードです。

エピソード5-5① 『眠い』に隠された意味（4歳児）

　数年前の4歳児クラスに，シホという女の子がいました。不安を目に見えて表さないものの，"これ！"という遊びもなかなか見つからない，そんな様子で1学期を過ごしていた子でした。

　ある日，シホから「眠い」と言われます。"昨日，遅かったのかな"と少し心配になりましたが，"眠い"という言葉がシホからたびたび聞かれるようになります。時々，ベンチに本当に横になることもありました（寝てはいませんが……）。

　最初こそ体調が悪いのかと心配になりましたが，シホの様子を見ていくと，6月になり周りの仲間がクラスにも慣れ遊び始めていくのに対し，なかなか思うように遊べなかったことが原因でした。担任である私も，遊びに誘ったりしますが，なかなかうまくはいきません。

　2学期になりました。"眠い"という言葉は，あまり聞かれなくなりましたが，表情はまだ緩んでいないような気もします。

　ある日，シホが色水を使ってユカと色水屋さんをしていました。すると，その遊びにリカコが「入れて！」と声をかけると，シホの表情が一変します！「リカコちゃん，今ね，色水屋さんやっててね！それでね……」と，もうそれはそれは嬉しそうに遊びの状況を話し始めるのです。

　3歳児から4歳児に進級し，クラス替えが行われ，たくさんの新しい友達と出会います。シホは，そんな環境の変化に緊張しながらも，心のどこかに「一緒に遊びたい」という思いをもっていたのでしょう。

　4歳児の難しさは，自分の心の葛藤に子ども自身もあまり気付いていなかった

り，言葉で表現することが難しいことです。また，『やってみたいけど，やったことがないからやらない』という葛藤を多く感じる時期でもあります。

　今回のシホを見ると，「一緒に遊びたいけど，断られたらどうしよう」とか「一緒に遊びたいけど，遊んだことがないからどうしたらいいのかわからない」という葛藤を抱いていました。もちろん，子どもよってはヒョイッと声をかけられる子もいるでしょう。

　この遊びでは，良かったことにリカコの方から遊びに入ってきてくれました。そのことがきっかけで，少しずつですがシホが変わっていくのです。

:エピソード5-5②: 念願のキャンピングカーが実現 ──

　11月になりました。ヒグマになりきるごっこ遊びがクラスで流行しました。"やりたい"という子がどんどん現れ，クラス全体を巻き込んでの遊びになりました。1学期までは，皆がやっている遊びに興味はあっても参加はしなかったシホが，ヒグマになっている男の子たちに「魚あげる！」と新聞紙で魚を作っています。

　リカコとの遊びがきっかけで，仲間がやっている遊びに興味をもって，自分なりの参加の仕方で関わっていきました。すると，「魚を入れるための冷蔵庫作ろうかな」とイメージがふくらみ，「私のおじさんね，キャンピングカー持っててね，車の中にテレビとか冷蔵庫とかあったんだよ」と冷蔵庫つながりで思い出すと，キャンピングカーを作ることになりました。

　シホがダンボールを用意し，ダンボールカッターで切っていくと興味をもったリカコたち3人が「入れて」と参加します！　すると「ここは，運転席にしよう！」「じゃあ，ここはベットね！」とシホを加えた4人が言葉を交わしながら，盛り上がっていきます。私も内心，『よし！』と思っていた

のですが……

　あんなに盛り上がっていたのに，ヒグマごっこの家作りの方に興味が移ってしまったのか「私，抜けるね」とリカコが言うと他の2人も辞めてしまいました。残されたシホは，ションボリ。関係性が希薄だったということも影響しているかもしれませんが，ここが4歳児の難しさでもあるような気がします。

　担任の私としては，せっかくシホが考えた遊びです。実現させてあげたいなと思い，集合の時にシホの遊びを紹介すると，数人の子たちがやりたい！　と手を挙げてくれました。すると，翌日から4〜5人の仲間と一緒にキャンピングカー作りが再開

し，ダンボールを集めて作っていきます。完成したのは，車とは程遠いのですが，四方を囲んで屋根をつけた家のような作品。作った仲間で中に入れる大きさです。

　早速，みんなでキャーキャー言いながら中に入っていきます。耳を澄ましてみると「みんなで手をつないでみよう」「歌わない？」とシホとみんなの声が聞こえてきました。

　仲間と一緒に遊ぶということは簡単ではありません。互いの思いがすれ違ったり，ちょっとしたことで言い合いになることもあります。でも，それを乗り越えて実現できた時には何事にも変えがたい嬉しさがあります。

■エピソード5-5③■「世界中に広がるホテルを作りたい」遊びの思いが広がっていく

　そんな遊びを経験したシホは，自分の思いをはっきりと表現していくようになりました。ヒグマの遊びが11月初旬からずっと続いていった月末の

こと。クラスで『森のホテル』という絵本を読みました。その翌日シホと
アヤト（一緒にキャンピングカーを作った仲間）がその絵本を眺めていました。
すると，シホが「世界中に広がるホテルを作りたい」とつぶやきます。ア
ヤトも「いいね，作ろう！」と呼応すると，近くにいたタロウも参加する
ことになりました。

　その日に"みんなに言いたい"と集合の時にホテル作りのことを伝えま
した。そのことを聞くと「やってみたい！」と声が挙がります。しかも，
たくさん！シホは「うーん，いっぱ
い入ると壊れちゃう」と３人で相談
し，５人までならいいとのことです。
でも，参加したい子は 10 人ほどい
ました。すると，「（ホテルの）外と中
で分かれたら？」「半分がホテルを
作る人で，半分が料理を作る人は？」
という意見が挙がりました。

　このクラスでは，４月から遊びや遊びで起きた出来事などを集合時に話題に
していました。２学期になってから，報告だけでなく，"じゃあ，こうしたら？"
とか"○○をやったらいいかも"などアイデアや意見なども挙がるようになっ
ていき，集合の場が問題解決の場にもなっていきました。

　シホ自身は，自分が始めた遊びに皆が入ってくれて嬉しいという思いが勝っ
ており 10 人でも構わないという様子でした。タロウはキャンピングカーを作っ
た経験からか，ガムテープを重ねて貼らないなら大丈夫（クラフトテープを使用し
ており，クラフトは重ねると貼れません。それを守って欲しかったのかな）ということ
で納得していきました。

╭───╮
│ エピソード5-5④ 『ホテルをする』が共通になっていく ──────

　　ホテル作りのメンバーが決まり 10 数人でホールに向かいます。その時の
様子は，とにかく子どもたちの雰囲気が凄かったことが印象的でした。"や
りたい！" という興味があると，大人の手を借りずにどんどん進めていく
のです。

　　ホールに行くと，「料理作ろう！」ということは共有し，料理を紙に描い
て作る子，メニューを作る子とそれぞれ分かれていきます。5 歳児のよう
に完全に役割を分担し，共有しているわけではありませんが，『ホテルを作
る』という目的をもって進めているのがわかります。

　　また，違う子はホールの積み木で階段と門，ホテルの枠組みを作ってい
きます。途中，積み木で遊び始めてしまうのですが（どこで間に入るのか，担
任としても迷うところです），階段がそれっぽくできてくると，「あ，ホテル作
りしよう！」と元に戻ってきます。この紆余曲折していくところが，担任
としてはハラハラします。
╰───╯

　　面白い遊びが生まれたら，"完成させたい" とか "早く遊びができるように" と，
遊びを展開することや，最後までできることに保育者の意識が向きがちになる
ことがあります（私もそうでした）。ただ，今回彼らに出会ったことで学んだのは，
その遊びがやりたかったら，紆余曲折しても戻ってくるということです（ただ，
紆余曲折して戻ってこないこともありますし，途中で遊びのテーマが変わることもあるで
しょう）。

　　遊びが最後まで完遂できることも大事な要素ですが，その遊びの過程で，子
どもたち同士がどのように関わり合い，どんなことに試行錯誤しているかとい
うことの大事さに気づかされました。

　　そんな視点で見てみると，ままごとコーナーの料理遊具を使わずにわざわざ
紙に描いて料理を作るというアイデアも面白いし，保育室のホウキを持ち出し，
「俺たちはホテルの中を掃除するんだ！」と 2 人で掃除係になっている子もいま
す。『ホテル』という共通の目標を共有し，各々がイメージしていることがわか

ります。

　ホテルごっこの方は、完成すると自分のクラスや隣のクラスを招待していきました。料理を作った子たちは、レストランのようにお客さんに注文を聞いています。ホテルや門、階段を作った子たちは、「ここから入ってください！」とお客さんを誘導していました。最後は、招いた側の子どもたちが、「お客さんになってみたくなっちゃった〜」とみんながお客さんになり、ホテルごっこを楽しんでいきました。

（4）個と集団は循環していく

　この遊びは、2日間という短い期間でしたが、共通の目標に向かって子どもたちが遊びを創っていきました。その共通の目標というのは、日常の中の子どもの『つぶやき』から生まれていきました。しかも、そのつぶやきは、1学期は「眠い」となかなか遊びが見つからなかった子から生み出された言葉です。

　シホが成長した背景には、友達の存在がありました。キャンピングカーやホテルといったテーマがシホから生み出されたことで、仲間が集うきっかけになっていきました。

　仲間や集団から『個』がさまざまな刺激を受け、そして『個』である1人の子から遊びが展開し、仲間を巻き込んでいきます。まさに、『個』と『集団』は、循環しています。

　その時にキーポイントになることは、興味とプロセスです。その事柄に興味があることで、子どもたちが自分で進めて行く原動力になります。そして、結果ではなく、そのプロセスの中で子どもたち同士がどんな対話をし、試行錯誤を繰り返し、自分なりの一歩が出せたか、です。

　それは、今回のように1人の子の興味から始まる場合もあれば、保育者からテーマを投げかけることもあるでしょう。もしくは、場合によっては「一斉に」やることもあるかもしれません。

　大事なことは、「自由」か「一斉」か、あるいは「興味から」か「保育者が投げかける」のかという極端な二項対立的な考え方ではなく、目の前の子どもに

とって何が大事なのか，どんな環境や経験が必要なのかを，きちんと見ていくことです。

　そして，保育者自身が試行錯誤し，どんな環境を用意していくのか，どう理解していくのか迷い，悩むこと自体が，物語です。

　保育は，子どもの物語だけでなく，保育者の物語でもあります。保育者自身が楽しみ，感動し，喜びあう。もっともっとあるがままの自分で保育をしていいと思います。これからの保育は，大人と子どもが対話しながら，そしてワクワクしながら保育をしていく。そんな保育ができるように，と願っています。

【注】

＊1）協同的な取り組みの詳細は大豆生田（2016）の著書の中で多数紹介されています。こんな実践をしてみたいと思う素晴らしい実践がたくさん載っています。理論的な詳細は無藤（2013）を参考にしてください。

・・・・・・・・・・・・・・・・・引用・参考文献・・・・・・・・・・・・・・・・・

大豆生田啓友編『「対話」から生まれる乳幼児の学びの物語―子ども主体の保育の実践と環境』学研プラス，2016年。

無藤隆『幼児教育の原則―保育内容を徹底的に考える―』ミネルヴァ書房，2009年。

無藤隆『幼児教育のデザイン保育の生態学』東京大学出版会，2013年。

久保田浩『根を育てる思想』JULA出版局，2003年。

第5章　演習課題

1．保育において集団を理解する際に，あなたが考える難しいことは何ですか。またそれに対する対応をグループや仲間で考えあいましょう。

2．子どもたちの協同性を高めていくポイントを挙げてみましょう。

第6章
特別な配慮を必要とする 子どもと人間関係

本章のねらい

　保育現場で「○○が気になる子ども」といわれる子どもたちがいます。「発達が気になる子ども」や「コミュニケーションが気になる子ども」「養育環境が気になる子ども」など，気になる内容は様々です。特にコミュニケーションに関わる問題は，子ども自身はもちろん，他児や保育者，家族にとっても不安や悩みの要因となり，一人一人に合わせた丁寧な配慮や支援が必要です。本章では，特別な配慮を必要とする子どもについて学び，理解を深め，具体的なエピソードを通して，どのような配慮や支援が望ましいのか考えていきましょう。

① 特別な配慮を必要とする子どもたちにはどのような子どもたちがいるのかについて学びましょう。
② 特別な配慮を必要とする子どものうち，障害のある子どもについて，人間関係の育ちという視点から，保育における配慮や望ましい支援について考えてみましょう。
③ 特別な配慮を必要とする子どものうち，外国につながりのある子どもについて，人間関係の育ちという視点から，保育における配慮や望ましい支援について考えてみましょう。
④ 特別な配慮を必要とする子どもたちの保護者や家庭が抱える不安や悩みについて知り，支援のあり方について学びましょう。

専門的事項

第1節　特別な配慮を必要とする子ども

　幼稚園教育要領[1]及び幼保連携型認定こども園教育・保育要領[2]では「特別な配慮を必要とする子ども」について，「教育及び保育の内容並びに子育ての支援等に関する全体的な計画等」の項に次のように記されています。

特別な配慮を必要とする幼児への指導

1　障害のある幼児などへの指導

　　障害のある幼児などへの指導に当たっては，集団の中で生活することを通して全体的な発達を促していくことに配慮し，特別支援学校などの助言又は援助を活用しつつ，個々の幼児の障害の状態などに応じた指導内容や指導方法の工夫を組織的かつ計画的に行うものとする。また，家庭，地域及び医療や福祉，保健等の業務を行う関係機関との連携を図り，長期的な視点で幼児への教育的支援を行うために，個別の教育支援計画を作成し活用することに努めるとともに，個々の幼児の実態を的確に把握し，個別の保育計画を作成し活用することに努めるものとする。

2　海外から帰国した幼児や生活に必要な日本語の習得に困難のある幼児の幼稚園生活への適応

　　海外から帰国した幼児や生活に必要な日本語の習得に困難のある幼児については，安心して自己を発揮できるよう配慮するなど個々の幼児の実態に応じ，指導内容や指導方法の工夫を組織的かつ計画的に行うものとする。

出所：幼稚園教育要領第1章総則第5の1，2
　　　幼保連携型認定こども園教育・保育要領第1章総則第2の3

　また，保育所保育指針[3]では第4章子育て支援の項に次のように明記されています。

（2）　保護者の状況に配慮した個別の支援
　　イ　子どもに障害や発達上の課題が見られる場合には，市町村や関係機関と
　　　連携及び協力を図りつつ，保護者に対する個別の支援を行うよう努める
　　　こと。
　　ウ　外国籍家庭など，特別な配慮を必要とする家庭の場合には，状況等に応
　　　じて個別の支援を行うよう努めること。

出所：保育所保育指針第4章2（2）

　このほか，保育所保育指針では，支援の対象として，同じ章で，不適切な養
育等が疑われる家庭への支援についても取り上げていますが,本章では,領域「人
間関係」の視点から，特別な配慮を必要とする子どものうち，発達に障害や課
題のある子どもと外国につながる子どもについて考えていきましょう。

（1）障害のある子どもたち

　ひと口に障害といっても，知的障害，脳性マヒなどの肢体不自由，慢性疾患
を抱えた病弱，重度の知的障害と重度の肢体不自由が重複している重症心身障
害，また視覚障害や聴覚障害など，実に様々な障害があります。一見してそれ
とわかる障害もあれば，見た目ではわかりにくい障害もあります。
　より専門的な医療ケアや療育が必要な乳幼児は，通常の保育所や幼稚園に通
うことが難しいため，障害児のための療育機関や児童発達支援センターなどを
利用しています。保育所や幼稚園と並行して通所している子どもたちもいます。
　障害のある子どもたちは,その障害の特徴や発達の特性から親が「育てにくい」
と感じることも多く，中には虐待など深刻な事態へと発展してしまうケースも
あります。特に，発達障害のように対人関係やコミュニケーションに特性をも
つ障害の場合，他者とのトラブルが積み重なることで自己肯定感や自尊感情が
低下し，社会の中で「生きづらさ」を抱え，不適応等の状態等を招くことも少
なくありません。このように，もともとの障害がきっかけとなって生じる新た
な困難さを「二次障害」といいます。この二次障害を防ぐためには，障害の特

性についてしっかり理解し，一人一人の子どもに配慮した保育や支援が行われることが重要です。

（2）発達障害の基礎的理解

　それでは，近年，保育現場や学校教育現場で多く耳にする「発達障害」について，その種類と特徴についてみていきましょう。

　発達障害はいくつかのタイプに分類されており，平成16年に制定された「発達障害者支援法」により，発達障害とは「自閉症，アスペルガー症候群その他の広汎性発達障害，学習障害，注意欠如・多動性障害その他これに類する脳機能の障害であってその症状が通常低年齢で発現するもの」として定義されています。これらは，生まれつき脳の一部の機能に障害があるという点が共通しています。同じ人に，いくつかのタイプの発達障害があることも珍しくなく，そのため，同じ障害がある人同士でもまったく似ていないように見えることがあります。個人差がとても大きいという点が，「発達障害」の特徴といえるかもしれません[1]。

　次に，おもな発達障害について，それぞれの特徴をみてみましょう。

①　自閉症スペクトラム（ASD：Autism Spectrum Disorder）

　自閉症，アスペルガー症候群その他の広汎性発達障害。

　知的障害を伴うもの（言葉の遅れがある）と知的障害を伴わないもの（言葉の遅れがない）があり，相互的な対人関係の困難さ，コミュニケーションの障害，興味や行動のこだわりの3つの特徴のほか，独特の感覚感受性があります。知的障害を伴わないものにアスペルガー症候群があります。

②　注意欠陥・多動性障害（ADHD：Attention Deficit / Hyperactivity Disorder）

　年齢あるいは発達に不釣り合いな不注意さや衝動性，多動性を特徴とし，これらの特徴が7歳までに現れます。

③　学習障害（LD：Learning Disorder）

全般的な知的発達には問題がないのに，読む，書く，計算するなど特定の事柄のみがとりわけ難しい状態をいいます。

④　その他

トゥレット障害（多種類の運動チックと1種類以上の音声チックが1年以上にわたり続き，小児期に発症するもの）や選択性緘黙なども発達障害に含みます。

ただし，発達の個人差の著しい乳幼児期において，発達障害の診断は慎重にされなければならず，実際に発達障害の診断名がつくのは3歳児以降，就学を機に就学前相談等でつくことが大半で，中には成人になってから，実は発達障害だったと診断名がつくことも珍しくありません。近年では，この発達障害という診断名が独り歩きし，本来，本人を理解し支援するためのはずの診断が，さらなる差別や偏見につながる場合もあり，より慎重な判断が望まれます。

「発達の気になる子ども」について考えるとき，重要なのは，診断名がつくかつかないかではなく，その子どもの発達特性が，社会で生きていく上で「生きづらさ」につながっているかどうかです。たとえ，診断名がついていなくても，本人や家族などの周囲の人々が「生きづらさ」や「困り感」を抱えていれば，それらを少しでも和らげ解決していく必要があります。二次障害を防ぐためにも，的確な障害特性の把握と理解および個々の状況に応じた配慮や支援が重要です。

図表6−1　障害の箱

障害の重さ（程度）そのものは変
えられなくても周囲の理解と支援
（変数）により抱える重さは変え
ることができる

（3）外国につながりのある子ども

近年，両親ともに，または両親のどちらかが外国人である子どもたちの出生
割合が増えています（図表6−2，6−3）⁽⁴⁾。

図表6−2　父母の国籍別出生数

年次	実　　数					割　　合（%）			
	総　数	父日本人1) 母日本人	父日本人 母外国人	父外国人 母日本人	父外国人2) 母外国人	父日本人1) 母日本人	父日本人 母外国人	父外国人 母日本人	父外国人2) 母外国人
1987年	1,354,232	1,336,636	5,538	4,484	7,574	98.70	0.41	0.33	0.56
1990年	1,229,044	1,207,899	8,695	4,991	7,459	98.28	0.71	0.41	0.61
1995年	1,197,427	1,166,810	13,371	6,883	10,363	97.44	1.12	0.57	0.87
2000年	1,202,761	1,168,210	13,396	8,941	12,214	97.13	1.11	0.74	1.02
2005年	1,073,915	1,040,657	12,872	9,001	11,385	96.90	1.20	0.84	1.06
2010年	1,083,615	1,049,338	11,990	9,976	12,311	96.84	1.11	0.92	1.14
2011年	1,062,224	1,030,495	10,922	9,389	11,418	97.01	1.03	0.88	1.07
2012年	1,050,715	1,016,695	10,825	9,711	13,484	96.76	1.03	0.92	1.28
2013年	1,042,813	1,010,284	10,019	9,513	12,997	96.88	0.96	0.91	1.25
2014年	1,018,532	983,892	9,845	9,802	14,993	96.60	0.97	0.96	1.47
2015年	1,019,991	986,598	9,459	9,620	14,314	96.73	0.93	0.94	1.40
2016年	994,017	957,860	9,371	9,747	17,039	96.36	0.94	0.98	1.71
2017年	962,731	927,931	8,674	9,460	16,666	96.39	0.90	0.98	1.73

（注）　厚生労働省政策統括官（統計・情報政策，政策評価担当）『人口動態統計』による。割合は出生総
　　　　数についてのもの。1）日本国籍の嫡出でない子を含む。2）外国籍の嫡出でない子を含む。
出所：国立社会保障・人口問題研究所『人口統計資料集　2019年度版』。

図表6-3　外国につながりのある子どもの出生割合

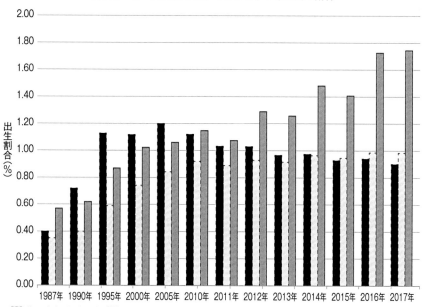

出所：国立社会保障・人口問題研究所『人口統計資料集　2019年版』から柳瀬が作成。

　地域によってはクラスの半分以上が「外国につながりのある」子どもたちという園もあります。特にここ数年は、両親ともに外国人であるという子どもたちが増えています。また、日本で生まれたのではなく、外国で生まれ育ち、途中から日本に移住してくる子どもたちや家族もいます。こうした「外国につながりのある」子どもたちの中には、母国語が日本語以外の子どもたちも多くいます。

　このほか、両親が日本人であっても、両親の仕事の都合等で日本国外で生まれ、幼少期を外国で過ごした後、日本に帰国したという、いわゆる帰国子女と呼ばれる子どもたちもいます。

　母国語や育った文化が異なるということは、単に言葉が通じる・通じないだけの問題ではなく、社会で生きていく上で子どもたちの成長や発達とも深い関わりがあります。

　諸外国と比較して，日本に住んでいる「外国につながりのある」子どもたちの数は決して多くありません。しかし，だからこそ，子どもたちの置かれている状況や抱えている課題についてしっかりと把握し，対応していく必要があります。

第2節　特別な配慮を必要とする子どもと人間関係

（1）障害のある子どもと人間関係

　第1節でも述べたように，障害のある子どもたちは，その障害の特徴や発達の特性から親が「育てにくい」と感じることが多いため，母子関係など身近な人との1対1の愛着関係や他者との基本的な信頼関係の構築に困難が生じることが少なくありません。そしてこれらの関係は，いずれも私たちが生きていく上で基盤となっています。

エピソード6-1① この子，私が嫌いなんです（8か月）─────

　3か月前に新しく入所してきたコウスケは，極端に抱っこを嫌がります。無理に抱っこしようとするとのけぞってしまいます。離乳食もスプーンをはねのけて顔をそむけます。

　そのせいか，コウスケの母親は保育園の送り迎えの際もいつも無表情で，暴れるコウスケをさっさとベビーカーに押し込むようにして帰ってしまいます。担任保育士はそんなコウスケ母子が気になっていました。ある時，いつものようにのけぞるコウスケを抱き上げてベビーカーに乗せようとしている母親に担任保育士が「手伝いましょうか」と声をかけると，母親はひと言「この子，私が嫌いなんです。」と吐き捨てるように言いました。いつもは無表情な母親が，この一瞬，イライラしたような表情になり強い口調でそう言ったので，担任保育士は戸惑ってしまい，何も言えなくなってしまいました。

　このエピソードのコウスケはどうして抱っこを嫌がるのでしょうか。自分の
ことをコウスケは嫌いだと言う母親に対し，担任保育士や園はどのような対応
をしたらよいのでしょうか。

　母親の様子を見て困った担任保育士は，主任と園長に相談しました。園長は，
まずは母親の抱えている大変さや傷ついている気持ちをしっかり受け止めては
どうかと助言しました。合わせて，コウスケについてもしっかりと観察するよ
うに担任保育士に伝えました。

エピソード 6-1 ②

　園長からの助言を受け，担任保育士はベテランの主任保育士にも同席し
てもらい，改めてコウスケの母親に話を聴くことにしました。まず，担任
保育士は園でのコウスケの様子を伝え，コウスケが園でも抱っこや離乳食
を嫌がること，家庭でも同じなのか，もし同じだとしたらお母さんがかな
りつらい思いをしているのではないかと心配していることなどを伝えまし
た。すると母親は，まっすぐ担任保育士の目を見つめて，これまでのこと
を話してくれました。生まれたときからおっぱいを飲ませるときも嫌がっ
たこと，抱っこしてものけぞるので，そのたびに悲しいつらい思いをした
ことなど，話しながら母親は目に涙を浮かべました。

　話を聴いていた主任保育士は，コウスケは決して母親のことを嫌ってい
るのではなく，きっと何か別の理由があるのではないかと考え，母親に専
門の医療機関に相談するように勧めました。

　受診の結果，実はコウスケが「感覚過敏」であることがわかりました。
その後，医師の指導に従って，少しずつ刺激に慣らす練習をし，今では抱っ
こをしてものけぞることがほとんどなくなり，母親にも笑顔が見られるよ
うになりました。

　コウスケが診断を受けた「感覚過敏」は決して珍しいものではなく，周囲の
音や匂い，味覚，触覚など外部からの刺激が過剰に感じられ，激しい苦痛を伴っ

て不快に感じられる状態のことをいいます。中には特定の部位だけこのような状態を示す場合もあります。また発達障害に伴いやすい感覚の特性であることがわかっています。コウスケの場合，まだ8か月のため発達障害そのものについては判断できませんが，身体全体の感覚が過敏傾向であるのに加え，特に口の周囲が過敏なため，授乳や食事も苦痛を伴うことが想像され，本来であれば心地よいはずの時間がコウスケ本人にとっては不快な時間になってしまっていたのでした。

　乳幼児期の愛着関係や人との信頼関係の基盤を構築する上で，スキンシップは重要な役割を果たします。それは相手にとっても同様で，コウスケにとっては，のけぞるという行為は刺激を回避するためのものであっても，一方の母親にとってはまるで自分を拒絶されたかのように感じられたことでしょう。通常なら母子にとって幸福な時間であるはずの授乳の時間も，口の周囲にも過敏さをもつコウスケにとっては苦痛を伴うため，顔をそむけてしまいます。母親にとってこれ以上傷つくことはありません。「この子，私のこと嫌いなんです。」という母親の言葉は，わが子に拒絶されたと感じて深く傷ついた母親の悲痛な叫びだったのです。

　コウスケのように，発達や感覚の特性からくる「育てにくさ」のためにわが子を「可愛い」と思えなくなり，ついには虐待という深刻な精神状態まで追い詰められてしまうケースも珍しくないのです。気になることがあれば，専門家の力も借りながらその子どもの特性や個性を理解した上で，どのような配慮や工夫，関わりが望ましいのかについて一緒に考えていくことが大切です。そして，何よりまずは「育てにくさ」「大変さ」といった親の悩みや苦しみに寄り添うことから始めるのが支援の第一歩です。

（2）多文化を生きる子どもたち

　外国につながりのある子どもたちへの配慮に必要な視点として，まず必要なのが，母国語がどの国のことばであるのか，また，生活に必要な日本語の理解ができているのか，どの程度，自分でも話すことができるのかどうかという「こ

とば」に関する視点です。

　乳幼児期は，「ことば」を獲得していく重要な時期です。

　とりわけ，人生において初めて「ことば」を獲得していくこの時期は，言語認知発達の著しい時期でもあり，ある程度成長してから母国語以外の言語を習得するのとは，その意味合いが異なります。社会的な存在としての人としての発達におおいに関わってくるのです。

　生まれたばかりの赤ちゃんが成長していく過程で出会い，身につけていく「ことば」には，実はさまざまな役割があります。おもな役割として，物の名称などの記号としての役割や，自分の感情や考えを整理したり，相手に伝えたりする役割などがあり，私たちは，「話す」「読む」「書く」という手段で，「ことば」を用いています。そして，「ことば」の発達に重要な影響を与えているのが人間関係です。

　例えば，ここに美しい花があるとします。子どもがじっとそれを見つめているのに気付いた母親が「お花きれいね。」とわが子に話しかけたとします。すると，その子どもは，今，自分が見ているものが「花」という名前であることのほか，今のこの花のあり様が「きれい」と表現されるものであり，さらにそれを語る母親の表情から，花というものが，自分が大好きな母親にとって良いもの，つまり自分にとっても良いもので，その時に自分の中に生じた感情を良い心持ちである，と認識します。花との出会いを，子どもは母親との関係の中で「ことば」を通して，頭と心と感覚，時には体で理解していくのです。

　特に，思考や感情については，母国語を通して育まれていくことが多く，文化や社会的な規範等もまた，その国のことばである母国語と密接に関わっています。したがって，外国につながりのある子どもにとって，母国語がどのような状況で育まれているのかという視点は，その子どもの発達を理解し支援していく上で重要な視点となるのです。

　「外国につながりのある子どもたち」への配慮に必要なもう1つの視点が文化の多様性への理解です。保育所保育指針の第2章4（1）保育の全体に関わる事項には「子どもの国籍や文化の違いを認め，互いに尊重する心を育てるよ

うにすること」と明記されています。

　父親・母親それぞれの個人の価値観はもちろん，両親が育ってきた文化的背景や社会的背景は，子どもの価値観や社会的規範意識の形成に大きな影響を与えます。両親ともに外国人の場合や，両親のどちらかが外国人である場合，子どもは，家庭と園などの家庭以外の社会と異なる種類の文化の間で育つことになります。時に折り合いをつけながら，自分自身の価値観や社会的規範意識を形成していくことになるのです。保育者は，外国の文化を単に日本と違う文化として捉えるのではなく，互いの文化を彩り豊かな多文化として尊重する姿勢が重要です。

　また，母国語が日本語以外である親自身も子ども同様，配慮が必要な存在です。親自身が十分に受け止められ尊重されていると感じられることは，園と家庭とが確かな信頼関係のもと，パートナーとして協力しながら子育てや保育を行っていくことへとつながり，結果的に子どもにとっても安心感が得られることとなります。

　ここでは，保護者に関するエピソードを通して，外国につながりのある子どもの抱える問題について考えてみましょう。

エピソード6-2 わかってほしい思い（保護者）

　アリサの母親は結婚して初めて日本に来ました。来日したばかりの頃は，まったく日本語を話すことはできませんでした。やがてアリサが幼稚園の３歳児クラスに入園することが決まった時にも，何とか片言の日本語と多少の英語は話すことができましたが，園だよりなど，日本語の文章はほとんど理解できない状態でした。頼みの父親は仕事が忙しく，出張も多いため，あまり支援を当てにすることはできません。幼稚園へのアリサの送迎時にも，ほとんど他の母親と話すこともなく，アリサ自身はクラスになじむことができましたが，アリサの母親の方は幼稚園になじめないままでした。

　そこで，園長先生は園全体に呼びかけて，アリサの国の言葉や英語を話すことのできる保護者がいないか探したところ，５歳児クラスにアリサの

国の言葉が少し話せる母親と，4歳児クラスに英語に堪能な母親がいることがわかりました。園長先生は2人に協力を依頼して，園だよりを英語に訳してもらったり，アリサの母親の話し相手になってもらうようにしました。アリサの母親はとても喜んで，みるみる表情が明るくなりました。やがて，アリサ自身もすっかり日本語が上手になり，母親の通訳ができるようになりました。また，アリサの母親もただ助けてもらうばかりではなく，保護者の企画で母国の料理を作って食べる教室を園で行いました。料理教室は大好評で，これをきっかけに，他の国の料理や文化を学ぼうということになり，幼稚園も協力して，定期的に親子で日本と世界の文化を楽しむ企画が行われるようになりました。

　子どもにとって，心のよりどころとなる家庭が安定していることは何よりも重要なことです。大好きな母親や父親が笑顔でいてくれることは，子どもにとって何より安心でき，幸せなことです。

　このエピソードでは，子ども本人よりも外国人である母親を幼稚園が間に入って他の保護者とつなぐことで，最初に支援を受けた母親本人だけでなく，周囲のみんなが楽しく充実した時間を共に過ごすことができました。

第3節　特別な配慮を必要とする子どもを支えるということ

　本章では特別な配慮を必要とする子どもの例として，障害のある子どもと外国につながりのある子どもを中心に考えてきました。両者に共通するものは他者とのコミュニケーションに関する問題です。乳幼児期において，人との関わりの中で愛情に包まれ，豊かで安定した信頼関係を築いていくことは，その子どもの生涯にわたる成長にとって何よりも重要なことの1つです。

　ここでは，子どもたちや親の人間関係に関わりのあるトレーニングやプログラムを2つ紹介します。

① ソーシャルスキルトレーニング（SST：Social Skill Training）

ソーシャルスキルトレーニングとは，人が社会でほかの人と関わりながら生きていくために欠かせないスキルを身につけるトレーニングのことを指します。その障害の特徴から，特に相手の表情を読み取ったり共感したりすることが苦手な発達障害のある子どもなどに対して効果があるとされ，学校や療育施設，病院などで取り入れられています。

具体的には，ゲームや日常場面を取り入れたロールプレイなどの実践を通して行っていきますが，その際，大切なのは，少しずつ段階を踏んでいくこと（Small Step），またうまくいかない場合も「叱る」のではなく，うまくいった場合に「ほめる」ことを通して積み重ねていくことです。

対人関係のトラブルや失敗体験は，自己肯定感や自尊感情の低下という二次障害につながります。

これは，発達障害に限らず，コミュニケーションの難しさを抱えるすべての子どもに共通する課題であり，SST の基本を学んでおくことは，特別な配慮を必要とする子どもたちへの保育を考える上で有効です。

② ペアレントトレーニング（Parent Training）

ペアレントトレーニングは発達障害のある子どもの親が，わが子の行動を理解したり，発達障害の特性をふまえたほめ方や叱り方を学ぶためのトレーニングです。

日常生活場面において「してほしくない行動」や「してほしい行動」といった子どもの行動に焦点をあて，具体的にどのような対応ができるかを，段階を踏んで学習していくプログラムです。また，ペアレントトレーニングを通して，"親（養育者）─子ども"間の"よりよいやりとり"を具体的に学び，親（養育者）としての自信を積み重ねていくことができます。通常，小グループでのプログラムの実践が行われます。

当初は療育機関などを中心に行われてきましたが，発達障害の診断名の有無にかかわらず，実践的な内容で，親子関係のあり方や親自身のサポートにも焦

点を当てたプログラムであることから，一般に子育てに悩みや不安を抱える親にとっても有効とされ，現在では子育て支援センターや保育園，幼稚園などでの保護者支援の一環として取り入れるところが増えてきています。

　特別な配慮とは特別扱いをすることではありません。大切なのは，配慮があることで，子ども自身が安心して自分のもっている力を発揮することができたり，本人や家族の抱える困難さや課題が軽減され解決しやすくなるということです。そのためにはどのような配慮が子どもや家族にとって望ましいのか考える必要があります。そのことをしっかりと理解しておきましょう。

【注】

＊1）「発達障害者支援法」平成16年制定，平成28年改正，および厚生労働省HP「みんなのメンタルヘルス」から抜粋。

引用文献

（1）文部科学省『幼稚園教育要領』フレーベル館，2017年。
（2）内閣府・文部科学省・厚生労働省『幼保連携型こども園教育・保育要領』フレーベル館，2017年。
（3）厚生労働省『保育所保育指針』フレーベル館，2017年。
（4）国立社会保障・人口問題研究所『Ⅳ. 出生・家族計画父母の国籍別出生数』人口統計資料集2019年版。

参考文献

厚生労働省『発達障害』厚生労働省HP みんなのメンタルヘルスサイト
　（https://www.mhlw.go.jp/kokoro/know/disease_develop.html）
佐々木正美『アスペルガーを生きる子どもたちへ』日本評論社，2010年。
杉野学・梅田真理・柳瀬洋美編著『発達障がいの理解と指導』大学図書出版，2018年。
柘植雅義『特別支援教育』中公新書，2013年
東京都福祉保健局『発達障害児（者）支援システム実例』発達障害者支援ハンドブック，2015年，第2章。
長坂香織・萩原孝恵・奥村圭子『外国につながりのある就学前児童のためのプレスクール構築に向けて』山梨県立大学地域研究交流センター，2015年。
無藤隆・汐見稔幸・砂上史子『ここがポイント！ 3法令ガイドブック』フレーベル館，2017年。

第6章　確認問題

1．特別な配慮を必要とする子どもたちにはどのような子どもたちがいますか。

（解答は p.194）

2．主な発達障害を３つ挙げ，それぞれの特性について説明してみましょう。

（解答は p.194）

3．発達障害における二次障害について説明してみましょう。また，二次障害を防ぐにはどのようなことに留意して関わったら良いか考えてみましょう。

4．外国につながりのある子どもたちの抱える課題について具体例を挙げ，保育者として，どのような支援が必要かについて考えましょう。

演　習

・・・・・・・・・・・・・・・・・・・・・・・・・・・・・・・・

　ここでは特別な配慮を必要とする子どもたちの実際について，3つのエピソードを通して，さらに子どもたちへの理解を深め，保育者としての望ましい関わりや支援のあり方について考えてみましょう。

1．発達障害とともに生きる①

エピソード6-3 呼ばれると「嬉しいもの」（4歳）

　コウヘイはじっとしているのが苦手で，すぐに友達にも手が出てしまうので，2歳児で保育所に入所した当初からトラブルが絶えず，いつも担任の先生に注意されてばかりいます。そのうち，「コウヘイくん！」と名前を呼んだだけで，すぐに保育室から出て行くようになってしまいました。

　4歳児クラスになって，新しく担任が変わりました。担任のシノ先生は，名前を呼んだだけで保育室を飛び出してしまうコウヘイのことが気になっていました。やがて，もしかしたらコウヘイは名前を呼ばれると注意されると思って逃げてしまうのではないかと気付きました。

　そこで，名前を呼ぶときはいつもほめたり楽しいことを話しかけたりするようにしてみました。「コウヘイくん，何して遊んでいるの？　楽しそうだなぁ。」「コウヘイくん，また明日ね。」「コウヘイくん，かっこいいねぇ，すごいなあ。」など，毎日毎日話しかけ，帰るときには膝に乗せて抱っこし，その日の良かったことや楽しかったことをひとこと伝えてから別れるようにしました。膝に抱っこしてのお別れの儀式は，クラスの他の子たちにも全員に行いました。

　やがて，いつの間にか，シノ先生が名前を呼ぶと，コウヘイは自分からそばに寄ってくるようになりました。注意されることはあっても保育室から出ていくことはなくなりました。

発達に障害や課題のある子のうち，特に落ち着きのない子どもや他の子どもとトラブルの多い子どもは，どうしても自分の名前と注意がセットになりがちです。「○○ちゃん，一緒に遊ぼうよ。」「○○ちゃん，すごいねぇ。」など，子どもにとって，名前は本来，幸せを願ってつけられた愛情のしるしであり，その名前を呼ばれるときは誰かとつながる瞬間なのですが，このエピソードのコウヘイのように，自分の名前を呼ばれるとたいてい自分にとってはあまりいいことが起きないというのは，実はとても悲しいことです。シノ先生はそのことに気付き，コウヘイにとって自分の名前は，呼ばれると「嬉しいもの」になりました。

日常生活における配慮とは，このようにちょっとした瞬間，場面で，相手を大切にすることでもあります。

エピソード6-4 ロボット作ります（5歳）

シンイチは自閉症スペクトラムの1つであるアスペルガー症候群の診断を受けています。特に知的な遅れはありませんが，皆で一斉に同じ課題をすることが苦手です。牛乳パックや空き箱を使ってロボットを作ることが大好きで，自由時間には1人で黙々とロボット制作に励んでいます。完成したロボットはとてもよくできており，クラスのみんなが感心してほめると，本人の表情からはわかりにくいのですが，やはり嬉しいようで，そのような時はロボットの性能を詳しく説明してくれます。

もう1人，ジュンペイはADHDの診断を受けています。友達と遊ぶことは大好きなのですが，ちょっとしたことでカッとなりやすく友達にも手を出してしまうので，日頃から担任保育士のリエ先生は，加配保育士のユキコ先生と連携を取りながら保育を行っています。

ある時，ジュンペイが同じクラスのトモヤととっくみあいのけんかになりました。ユキコ先生が間に入り，けんかはおさまりましたが，ジュンペイの中ではイライラがおさまっていなかったのか，いつものようにロボットを作っていたシンイチのそばを通りかかったとき，突然ロボットを取り

上げて，床にたたきつけて壊してしまいました。途端に，いつもはおとなしいシンイチが，大声を出しながらあたりのおもちゃや積み木や椅子などを手あたり次第にまわりに投げつけて暴れだしました。ジュンペイは一瞬呆然としましたが，すぐにシンイチを蹴ろうとしました。しかし，シンイチの怒りはすさまじく，だれも手を付けられない状況で，ひとまずユキコ先生がジュンペイを抱きかかえて制止し，リエ先生が他の子どもたちをシンイチが投げるおもちゃが当たらないように遠ざけました。

　その時，同じクラスのミホが壊れたロボットのパーツを元通りにテーブルに置き，優しい声で「シンちゃん，ロボット作ります。」と声をかけました。すると，シンイチは暴れるのをぴたりとやめ，椅子に座ると「はい，ロボットを作ります。」と言って静かにロボットを作り始めました。

　その後，ジュンペイはにぎやかな保育室を離れ，静かな別室でユキコ先生とどうしてこのようなことになったのか，一つ一つ時間をさかのぼって確認をしました。どうしてシンイチのロボットを壊してしまったのか，トモヤとけんかして嫌だったこと，でもその気持ちをシンイチにぶつけるのは違うということ。そのあと，ユキコ先生と一緒にジュンペイはシンイチに「ごめんね」と謝ることができました。シンイチはちらっとジュンペイを見た後，黙々とロボット作りをしていましたが，きちんと謝ることができたジュンペイを，ユキコ先生もリエ先生も「えらいね」とほめてくれ，ジュンペイも笑顔になりました。

2．発達障害とともに生きる②

　このエピソードのように同じクラスに，まったくタイプの異なる障害のある子どもや発達の気になる子どもが複数いることも珍しくありません。保育者は日頃から子どもに関する見立てや関わりの基本について，共通認識をもって保育を行う必要があります。また保育者同士の信頼関係に基づく連携は，クラス

や園全体の雰囲気にもつながり，保育者の温かなまなざしは，子どもたちの安心感を育みます。

　シンイチにとって，大好きなロボットを作る時間は安心でき幸せな時間です。その大切な時間が突然壊されて彼はパニック状態になりました。その彼を救ったのは同じクラスのミホでした。ミホはとっさに，シンイチの大好きなロボット作りの時間と空間を守ることで，彼の混乱した気持ちを安定させたのでした。5歳のミホに見事な対応ができたのも，日頃から，シンイチが「1人だけ別のことをしている変わった子」というのではなく，「みんなと一緒に同じことをするのは苦手だけれど，ロボット作りの天才」というように，ロボットを通じてしっかりクラスの一員として他の子どもたちともつながっていたからだと考えられます。

　これは，シンイチのロボット作りを尊重し，温かく見守り関わってきたリエ先生とユキコ先生の2人の姿勢があったからだといえるでしょう。

　一方，ジュンペイについてユキコ先生は ADHD の特性である衝動性を理解し，なるべく刺激の少ない静かなスペースで，カッとなった瞬間からゆっくりと時間をたどっています。そして，きっかけとなったトモヤとのけんかを振り返り，ジュンペイが自分の感情に気付くよう働きかけました。さらに，シンイチに謝ることのできたジュンペイをほめることで，ジュンペイは友達との関係において大切な経験を積み重ねることができました。

　それぞれの障害の特性に応じた配慮をすることで，配慮の必要な子どもたちだけでなく，ミホのように他の子どもたちにとっても，貴重な経験となっていきます。たとえトラブルがあってもそれをプラスの成長体験へと変えていくことが可能となるのです。

3．多文化を生きる

　ことばが出てこない（３歳）

　もうすぐ３歳の誕生日を迎えるジュリはちょっとシャイな女の子です。特に発達に遅れはないようですが，なかなかことばが出てこず，担任の先生はそのことが気になっています。好きなものの名前などいくつかの単語は話すのですが，会話となるとほとんど出てきません。

　ジュリの両親は父親が外国人で母親が日本人です。ジュリは２歳まで父親の母国で生まれ育ち，２歳の誕生日を過ぎた頃，母親の母国である日本に移ってきました。父親はほとんど日本語が話せず，夫婦の会話は英語で行われます。母親は英語の翻訳の仕事をしており，ジュリにはぜひバイリンガルでいてほしいと，日頃から家庭では英語が中心の生活をしています。園に迎えに来たときも，ジュリが母親に日本語で話しかけると，英語で話すように，英語で注意をしています。

　ジュリのエピソードからはどのようなことが考えられるでしょうか。またジュリにはどのような配慮や支援が必要だと考えられるでしょうか。

　英語を母国語とする父親の国で生まれたジュリは，母親の教育方針もあり，生まれたときから家庭では英語を中心とする環境で育っています。ちょうどこれまで蓄積されてきたことばをもとに，２語文など会話らしい発話が見られ始める２歳という時期に日本に移ってきたジュリは，英語が主であった世界から，家庭では英語，園では日本語という世界へと，環境が大きく変化したわけです。自分の気持ちをどう整理し，どのように表現したらいいのか，おそらくジュリの中では混乱が生じているのだということが推察されます。特にさまざまな感情体験をする園での生活では，周囲の子どもたちが日本語を母国語とする中，友達に自分の気持ちを伝えるには日本語でしなければならず，そうなると自分の中に今生じている感情を英語と日本語のどちらの言語でどのように整理したらよいのか，ことばが出てこないのも無理のないことといえましょう。

「ことばが遅い」などの「ことば」の発達が気になる場合，まずは発達の遅れを疑いますが，発達の個人差の大きい乳幼児期において，なかなかその判断は難しいものです。このとき，1つの大きな目安となるのが，ことばの理解です。つい，目に見えてわかりやすい発達ということで，周囲は発話の有無や量を心配しがちですが，実はまず確認する必要があるのは，その子どもがどの程度ことばを理解できているかということになります。

はっきりとした発話はなくても，「ゴミ箱にポイしてきてね。」と言うとごみを捨てに行く，相手が「バイバイ」というと手を振ってバイバイのしぐさをする，盛んに指差しをし「あ〜う〜」と相手に意思を伝えようとするなどの様子がみられれば，多くの場合，3歳ごろまではしばらく様子を見ましょうということになりますが，もしも，ことばの理解に遅れが感じられるような場合は，発達全般に関するより詳しいチェックが必要になります。

ジュリの場合は，全体的な発達の遅れは見られないということなので，個人差の範囲か，もしくは環境による影響が考えられます。3歳の誕生日が近いということで，3歳児健診がありますので，こういった機会を生かして，改めて発達全般について専門家にみてもらうのも良いでしょう。

さて，ここで保育者が保育において配慮していきたいのは，その時々で，ジュリが感じているであろう気持ちを日本語で代弁していくことです。「楽しかったね。」「悲しかったね。」「嫌だったね。」など，本児の気持ちの整理を日本語で行うことで，少しずつ本児の中の2つの母国語が整理され折り合いはつけられていきます。

保育者はこのことを母親にも伝え，バイリンガルにという母親の気持ちは尊重しながらも，ジュリの気持ちを英語と合わせて日本語でも受け止めてもらうようお願いをしました。

やがて3歳を少し過ぎた頃にジュリは，ことばが出なかったのがウソのように，園でも園の外でも自由に日本語と英語を使いわけながら，園生活を楽しむようになりました。

第6章　演習課題

あなたが今まで出会ったことのある「気になる子ども」について，①何が気になるのか，②どのような場面で気になるのか，③困っている人はいるのか，もし困っている人がいたらそれは誰か，という3つの視点でまとめ，もし自分がその子どもの担任だったら，どのような配慮や支援をしたらいいのかについて考えてみましょう。

第7章
子どもを取り巻く様々な人々
との人間関係

本章のねらい

　私たちは様々な人との関わりの中で生きています。そして，子どもたちは様々な人々との人間関係の中で育っていきます。

　本章では，子どもたちを取り巻く園の内外の様々な人々について知り，そこに展開する人間関係がどのように子どもたちの育ちを支えているのかについて学びましょう。

① 子どもを取り巻く人々にはどのような人々がいるのかについて学びましょう。

② 子どもの育ちを支える人々について，どのような職種や機関があるのかを知り，その専門性や果たす役割について学びましょう。

③ 子どもを取り巻く様々な人々との人間関係について学び，それらの人間関係が子どもたちの育ちにどのような役割を果たすのかについて学びましょう。

専門的事項

●●

第１節　子どもの育ちを支える人々

　保育所保育指針や幼稚園教育要領，幼保連携型認定こども園教育・保育要領
では，領域「人間関係」の共通のねらいとして「他の人々と親しみ，支えあっ
て生活するために，自立心を育て，人と関わる力を養う。」と挙げています。

　子どもたちはその発達過程において，特定の相手との愛着関係を基盤に，家
族以外の身近な存在として，保育者との安定した関係や園の他の子どもたちな
どとの様々な関わりを体験し積み重ねていきます。そして，その中で，生きる
力の基本となる自己肯定感や自立心を育み，他者への愛情や信頼感をもち，社
会的な存在として生きていく上で必要な力を身につけ育んでいきます。

　また，幼稚園教育要領や保育所保育指針等には，園内における保育者や他の
子どもたちとの関係のほかに「高齢者をはじめ地域の人々などの自分の生活に
関係の深いいろいろな人に親しみをもつ」と明記されており，このことから，
子どもの健やかな育ちにとって，社会で育つ子どもとして園の内外で豊かな人
間関係を展開していくことが大切であることがわかります。

（1）園内で子どもを支える人々

　子どもたちにとって，園での生活は日常生活においてとても重要な時間です。
とりわけ，保育所に通う子どもたちにとって，園で過ごす時間は日中生活の大
半を占め，家庭で過ごすよりも長い時間を過ごすことになります。子どもたち
が安心して安定した園生活を送るためには保育者をはじめとする様々な職種の
人たちが協力し，連携していくことが必要不可欠です。それでは，まず，園内
で子どもを支える人々にはどのような職種の人々がいるのか見ていきましょう。

①　保育士・幼稚園教諭・保育教諭

　園での子どもたちの日常生活を支える中心的な存在が保育者です。保育所保育士，幼稚園教諭はいずれも国家資格・免許であり，保育士は厚生労働省，幼稚園教諭は文部科学省が定める資格・免許です。また，保育教諭は認定こども園で働く保育者の総称で，特に幼保連携型認定こども園で働く保育教諭は，原則として保育士と幼稚園教諭の両方の資格・免許を有することとなっています。このようにどの現場で働くかにより必要な資格・免許は異なりますが，いずれも子どもの保育・幼児教育に携わる専門職として子どもとその家族・家庭を支えていきます。

②　園　長

　園長は園全体の管理・運営の責任者として，園で働くすべての保育者やその他の職員と共に連携し，子どもたちにより良い保育や教育を提供できるよう努めます。園においては職員と共に保護者への対応にあたるほか，役所や他機関など園外の機関との対外的な交渉も行います。また園で働く職員が働きやすいような環境を整える責任もあります。子どもたちにとっては他の保育者や職員とはまた異なる特別な存在でもあります。

③　看護師・保健師・養護教諭

　子どもたちの健康や保健衛生の管理や指導，病気やけがに対する応急処置を行います。

　０歳児が９人以上いる保育所では看護師・保健師のいずれかの配置が義務づけられており，０歳児が９人未満の保育所でもなるべく配置するよう推奨されています。また私立保育園においては一部の無認可の小規模保育園を除くすべての園に看護師の配置が義務づけられています。

　一方，学校教育法に基づく施設である幼稚園では養護教諭の配置が推奨されていますが，実際に配置されているところはまだまだ少ないのが現状です。なお，認定こども園の場合は看護師なのか養護教諭なのか，明確な基準はまだなく，

認定こども園の種類によっても異なっています。

　近年では不審な傷・あざなど，虐待の早期発見・対応に看護師が園長と共に役割を果たすことも多く，保育者と共に，日々の子どもたちの心身の健康や発達の状態を把握する上で大切な存在となっています。

④　調理師・栄養士

　私たちが生きる上で重要な食の専門職である調理師や栄養士は，園内に給食設備をもたない施設もあり，すべての園に配置されているわけではありませんが，子どもたちの食育の大切さが注目されている現代，その重要性を増しています。栄養士は，おもに，子どもに必要な栄養素を取り入れ，かつ子どもたちが喜ぶような献立の作成や，食材の管理や調理師への指導を行います。近年増加しているアレルギー児の食事についても，保育者と共に，個々の状態について把握し，子どもたちが安心して食事が楽しめるよう細心の注意を払っています。調理師は栄養士の指導の下で調理をするのがおもな仕事ですが，多くの保育園で調理する様子が外から見られるようになっていたり，時には保育室で直接子どもたちとコミュニケーションをとったりするなど，子どもたちが食に関心をもてるような工夫も行っています。

⑤　用務職員

　園の内外の環境を守る用務の仕事は園舎の補修などの営繕関係や植木の手入れなどの園庭の整備のほか，保育室以外の園全体に関わる洗濯や清掃などを行っています。子どもたちが安全で清潔な環境で気持ちよく過ごすために必要な仕事を行っています。用務職員の仕事を通して，子どもたちは日常生活に必要なことを学んでいきます。その仕事に大きな魅力を感じる子どももおり，外の社会を知る上での役割を担う側面ももっているといえましょう。

⑥　幼稚園バスの運転手

　園バスの運転手は，添乗員役の職員と共に，幼稚園で定めた停留所をめぐっ

て子どもたちが安全に登園・降園できるよう，家庭と園との間の送迎を行います。保育に直接関わる仕事ではありませんが，子どもたちと保護者にとって毎日接する身近な存在です。

　また，大きなバスを運転するという仕事に憧れをもつ子どもたちもいるでしょう。

⑦　その他の専門職

　園には上記以外にも多くの人々が働いています。最近では専門的な立場から子どもたちの保育・教育や保護者への対応に助言を行う心理職や，園外の機関ではありますが，園医は園内で定期健診を行ったり，病気やけがの際には園のかかりつけ医として治療を行ったりして，子どもたちの健康をサポートします。また，大規模な園では，園長の補佐を行う副園長や事務や経理を専門に行う事務職員など，非常勤も含め，様々な職種の人々が働いています。

（2）園外で子どもの育ちを支える他機関

　子どもの育ちを支えていく上で，時に外部の他機関と連携を取る必要があります。気になる子どもや家庭への特別な配慮や支援を必要とする場合など，社会的資源を積極的に活用していきたいものです。保健センター（保健所）や子育て支援センター，子育て支援を管轄する行政の窓口や社会福祉事務所や児童相談所や児童館など，実に多くの機関があります。また，これらの機関は単独で関わるのではなく，必要に応じて相互に連携を取りながら，地域の子育て支援ネットワークとして園と共に子どもの育ちを支えていきます（図表7－1）。

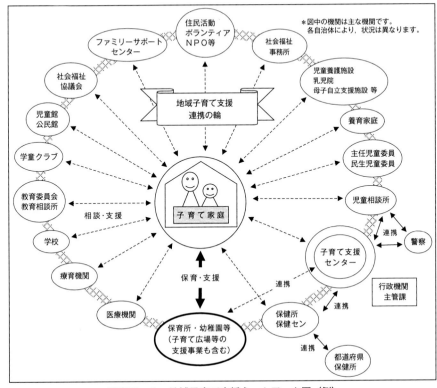

図表7-1　地域子育て支援ネットワーク図（例）

　しかし，こうした外部の機関に家庭から連絡を取り，つながることはなかなか難しい場合もあるでしょう。保育所や幼稚園，認定こども園は地域の子育て支援の拠点でもあります。保護者にとって信頼できる存在である保育所や幼稚園，認定こども園が仲介役となり，支援を必要とする子どもや家庭を園外の専門機関に速やかにつなげていくことは，その後の子どもの育ちを支える上で，園の重要な役割の1つです。

（3）地域社会の人々

　地域には様々な人々が住んでいます。老若男女様々，一人暮らしから子どものいる家庭までその生活形態も様々です。園もまた地域社会の一部であり，地

域社会の人々との良好な信頼関係は，子どもたちが地域社会で育っていく上で重要です。近年では，子どもの声がうるさいといったクレームが入るなどのトラブルも少なくなく，良好な関係を築くには顔の見える関係作りが有効といわれています。

　地域に開かれた園として，日常的に園の方でも地域に貢献したり，行事を通じて地域との交流を図ったりするなど，積極的な関係作りが望まれます。

第2節　子どもを取り巻く人々の人間関係

（1）園内の人間関係

　第1節（1）でも述べたように，園には保育者をはじめとする様々な職種の人々が働いています。子どもたちが安定した園生活を送ることができるように，どのような人間関係が園内で展開しているのかについてみていきましょう。

①　保育者同士の人間関係

　保育者は，日々の子どもたちの園生活を支える最も中心となる存在です。

　子どもはその発達過程において，特定の相手との安定し安心できる信頼関係を基盤に，家族以外に身近な存在である保育者との安定した関わりの下，他の子どもたちとの様々な関わりを積み重ねていきます。

　より質の高い保育の実践のためには，保育者同士が互いに協力し支えあいながら協働していく必要があり，こうした保育者同士の関係性を「同僚性」と呼び，保育や教育の現場の様々な場面において，その重要性が注目されています。

　また，保育者同士の人間関係は，子どもたちにとって，身近な関わりモデルであり，その関係性のあり方は，子どもたちの社会性を育んでいく上でも重要な意味をもっています。

　ここで，子どもたちの「個と集団の育ち」において保育者の果たす役割と関係性について考えてみましょう。

┌───┐
エピソード 7-1 桃太郎の鬼退治（5 歳児）

　もうすぐことり幼稚園では家族を招待しての秋のお楽しみ会があります。
5 歳児クラスでは桃太郎の劇をします。幼稚園に勤めて 2 年目のユミ先生
は，初めての担任クラスの発表会で，家族の人に喜んでもらおうと一生懸
命でした。しかし，マイペースでこだわりの強い村人役のタケシは，練習
になかなか参加せず，何とか参加したと思っても，すぐに大好きなブロッ
ク遊びに行ってしまいます。そのたびに劇は中断し，他の子どもたちの集
中力も途切れてしまいます。ユミ先生は困って，ベテランのミキ先生に相
談をしました。
└───┘

　乳幼児期の子どもたちにとって，個々が尊重されることの大切さは言うまで
もないことです。しかし，一方で集団生活の場でもある保育の場では，クラス
全体の様子も見ていかなければなりません。個と集団の間で悩んでしまう保育
者も少なくありません。

┌───┐
　ユミ先生から相談を受けたミキ先生は，タケシのありのままの姿を受け
いれるところから始めてみてはどうかと提案しました。次の練習の時にも
いつものように皆と離れてブロックづくりを始めたタケシに，ユミ先生が
ブロックで何を作っているのか尋ねてみると「鬼をやっつけるのだ」と答
えました。タケシは鬼と戦う道具を作っていたのです。それを聞いたミキ
先生は，タケシに向かって呼びかけました。「どこかに強い刀はないかなぁ。」
ユミ先生はタケシに代わって答えました。「桃太郎さん！　こっちに強い刀
があるよ〜」それを聞いたタケシはにっこり笑いました。
└───┘

　保育の活動場面で，大多数の子どもが参加している遊びの輪から外れて，1
人で遊んでいる子どもは，一見すると皆になじめず，集団から外れているよう
な気がしてしまいます。この時，個々の子どもに寄り添おうとして 1 対 1 の関
係性にとらわれてしまうと，保育者は身動きが取れなくなり，集団全体との関

係でどこまでその子のやりたいことを尊重したらいいのかわからなくなってしまいがちです。特に幼稚園では 1 人担任の場合が多く，ともすると担任が 1 人で抱え込みがちです。

　このような時，フリーの保育者に補助で入ってもらうなどして保育者同士で役割分担をし，集団全体の方向性を担う保育者と，個に寄り添い，その子どもの気持ちを集団に向けて代弁したり，全体の様子を子どもに伝えたりして，個と集団の間をつなぐ役割を担う保育者が連携することで，新しく遊びが展開することがあります。保育者同士が連携することで，集団の輪が広がり，それまで集団から外れて見えていた子どもが集団の中に位置づけられ，同時に，その子どもの存在が集団を豊かにすることが可能となります。

　その後，タケシは本番当日，マイペースだけれど村一番の鍛冶屋の役を演じたくさんの拍手をもらいました。

②　保育者と他職種職員との人間関係

　第 1 節（1）でも述べたように，園には保育者以外にも多くの他職種の人たちが働いています。看護師のように子どもたちに直接関わることの多い職種もあれば，栄養士や調理師，用務員のように縁の下の力持ちとして子どもたちの園生活を支える職種もあります。質の高い保育実践のためには，こうした他職種職員との連携と協働は欠かせません。日頃から，互いの専門性を尊重しあい信頼できる関係作りが非常に重要です。日々の園生活や行事の際など，折りに触れて，保育の場面で園の生活を支える仕事に目を向けていくことで，子どもたちの視野を広げ，豊かな人間性や社会性を育むことにつながっていくことでしょう。

（2）保育者と保護者の人間関係

エピソード 7-2 何もわかってない！（1歳児，2歳児）

　この4月に入園してきたばかりのナツミとトモキの家庭は一人親家庭です。母親はどうやら実家とは疎遠で，いつも慌ただしく自転車で時間ギリギリに来ると，担任保育士に投げ込むようにしてナツミとトモキを預けて出勤していきます。忘れ物も多く，提出物や集金も何度言っても忘れてしまいます。連絡帳にも書いてみましたが，どうやら連絡帳もほとんど読んでいないようでした。また，子どもたちが同じ服を続けて着てくることもあり，そんな時はどうやらお風呂にも入らず，夜パジャマに着替えないで寝て，翌朝もそのまま出てくるようでした。

　ある日，ついに担任は，いつものように急いで帰ろうとする母親を呼び止めて「お母さん，忙しいのはわかるけれど，もう少しナツミちゃんとトモキくんのことをしてあげてね。」と話したところ，母親は担任をにらんで「何もわかってない！」と一言だけ吐き捨てて帰ってしまいました。それ以来，母親は担任があいさつしても無視するようになってしまいました。

　保育者は子どもの最善の利益と幸福を最優先に考えていかなければなりません。そのため，ともすると子どものことを思うあまり，保護者に厳しい視線を向けてしまいがちです。

　このエピソードに出てくるナツミとトモキの母親は，一人親家庭で周囲に頼れる身内もなく，ネグレクト気味で心配な状況です。担任が子どもたちを心配するのも無理ありません。しかし，結果的に，母親は担任を避けるようになってしまいました。

　「子育て支援は親支援」という言葉があります。子育て支援では，まず，ありのままの親（保護者）をいったん受け止めるところから始まります。親の表面的な言動に振り回されることなく，外部の専門機関とも必要に応じて連携しながら，子も親も，その両方を支援していくことが必要です。

その後，担任は園長に相談し，地域の子育て支援センターにも相談するとともに，改めて園長が母親との信頼関係作りから始めることになりました。園長は毎朝「お母さん，自転車で大変ね。よく頑張っているね。」と声をかけ，母親の苦労や頑張りをねぎらいました。やがて，しだいに母親のこわばった表情が和らぎ，少しずつ自分の思いを話してくれるようになりました。その間，担任は，子どもたち2人が笑顔で園生活を過ごせるように努めていきました。

（3）保護者同士の人間関係

子どもを取り巻く人々の人間関係のうち，保護者同士の人間関係も重要な人間関係です。

同じ子育てをする保護者同士，時には悩みを分かち合い，喜びを共有し，互いに尊重しあえる人間関係を築いていくことで，そこから生まれる温かなまなざしに包まれて育っていくということは，子どもたちにとっても幸せなことです。

園では，保護者同士が自然につながり，その輪が広がっていけるよう，保護者会や保育参加や園の行事への参加（参画）などの機会を生かして，保護者一人一人もまた，園で大切にされているという安心感が得られるような配慮や取り組んでいくことが望まれます。

しかし，時には保護者の間でトラブルが生じることもあります。そのような場合には，園が仲介役として間に入るなど，保護者と保護者の二者の間の対立による緊張関係が和らぎ，問題解決に向かうような役割を取っていくことが必要です。

（4）地域の人々との人間関係

エピソード 7-3 かっこいいなぁ！（4歳児）

　たんぽぽ保育園では定期的に園舎の壁や遊具を補修しています。補修は園の近所の工務店の木村さんがしてくれます。この工務店は園児たちの散歩のルートにあり，木村さんは子どもたちとも顔見知りの大工さんです。今はちょうど4歳児クラスの保育室の外壁を補修しています。特にケンタロウは木村さんの仕事に興味津々で，毎日のように窓に張り付くようにして，その仕事ぶりを目を輝かせてじっと見つめています。ケンタロウたちの視線に気付くと木村さんは照れくさそうに笑って，持っていたトンカチをくるくるとまわしました。「かっこいいなぁ！」ケンタロウと一緒にそれを見ていたほかの子どもたちもみんな拍手喝采，大興奮です。

　その日から，大工さんごっこが始まりました。空き箱や牛乳パックでいろいろなものを作り，最後にはくるくると手作りのトンカチを回すのです。

　1年後，年長クラスになったケンタロウたちは，卒園の記念に，子どもたちたっての希望で，大好きな園庭に小さな小屋を作りました。もちろん，木村さんが手伝ってくれました。

　このエピソードに出てくる木村さんの工務店は，子どもたちにとって，園の散歩の道中で見かけるなじみのところです。子どもたちにとって，大工という仕事は，大好きな園舎や遊具を直したり新しいものを作ったりと，まるで魔法のようで，さぞ魅力的だったに違いありません。最近では既製品が多く，ものづくりのプロセスを見る機会も減っています。自分たちの身の回りのものの多くが実際に人の手で生み出されていることを知ることは，子どもたちの視野を広げるいい経験になったことでしょう。木村さんにとっても，自分の仕事が子どもたちに憧れのまなざしで尊敬されるという経験は大きな喜びとなったのではないでしょうか。

　このように，地域の人がもつ専門的な知識や技術を提供してもらったり，高

齢者の方に昔の遊びを教えてもらったり語り部として活動に参加してもらったりする一方で，園の方でも積極的に地域の清掃活動や取り組みに参加するなど，園と地域の双方が共に支えあう関係を築いていくことは，地域で育つ子どもと家庭にとっても大きな力となることでしょう。

・・・・・・・・・・・・・・・・・・・・引用・参考文献・・・・・・・・・・・・・・・・・・・・

阿部和子編『改訂乳児保育の基本』萌文書林，2019 年。

加藤邦子・井原成男・榊原洋一・浜口順子・牧野カツコ編著『子どもと地域と社会を繋ぐ家庭支援論』福村出版，2013 年。

厚生労働省『保育所保育指針』フレーベル館，2017 年。

木村明子『しごと場見学！─保育園・幼稚園で働く人たち』ぺりかん社，2012 年。

民秋言編集代表『幼稚園教育要領・保育所保育指針・幼保連携型こども園教育・保育要領の成立と変遷』萌文書林，2017 年。

塚本美知子『対話的・深い学びの保育内容人間関係』萌文書林，2018 年。

内閣府・文部科学省・厚生労働省『幼保連携型こども園教育・保育要領』フレーベル館，2017 年。

無藤隆・汐見稔幸・砂上史子『ここがポイント！3 法令ガイドブック─新しい『幼稚園教育要領』『保育所保育指針』『幼保連携型認定こども園教育・保育要領』の理解のために』フレーベル館，2017 年。

文部科学省『幼稚園教育要領』フレーベル館，2017 年。

第7章　確認問題

1. 子どもを取り巻く人々には，どのような職種の人々がいるでしょう。それぞれの専門性や果たす役割についても考えてみましょう。

2. 子育て支援に関わり地域の機関が連携して子育て支援を行っていく体制を何と言いますか？

3. 保護者と保育者との関わりにおいて，保育者はどのようなことに留意しながら関わることが望ましいでしょうか。

4. 園と地域のより良い関係作りのためにできることについて，考えて提案してみましょう。

演　習

1．保育者同士の対話で，子どもが見えてくる

（1）同僚性を高めていく

　「同僚性」という言葉が頻繁に聞かれるようになりました。単純な仲良しという意味合いではなく，いかに保育者同士が助け合い，助け合いながら保育の質を高めていけるかということです。

　「同僚性」の大事さが言われ始めた背景には，「保育の変化」が伴っているように感じます。子どもの興味を反映させながら，計画を再構成していくことがこれから求められていきます。さらに，当然，保育は環境を通して子どもが学びます。環境も，物を置いたら終わり，ではありません。子どもの姿を見ながら，変えたり，新しい物を置いたり，再構成していきます。

　そして，ウェブ型記録と呼ばれるような子どもの興味関心から明日はどんな遊びが展開されていくかを記した遊び計画などのように，複数の可能性を考えて環境を構成していきます。

　その際のポイントは，1人ではなく，複数の保育者が一緒になって計画を考えていくということです。担任が1人で考えていくというのは，なかなか難しいように思います。1人で1人の子どもを多面的な視点で見ていくことには限界があるからです。さらに，次の展開を考え，どんな環境を用意するかは1人で考えるより，複数の保育者で考えたほうが色々な案を考えることができます。

（2）視点を変えることで，見方が変わる

エピソード 7-4 「ヒロトのヘビのお家」（4歳児）

　ある年の4歳児の5月のことです。カエが園庭に「鳥の家」を作りお面をかぶると，「私も入れて」と色々な子が参加していきました。ダンボール

やゴザを使って思い思いの家ができてきます。ちょうど，クラス替えをしたこともあり，この遊びが新しい友達と関わる機会にもなりました。

　参加した子のなかで，ヒロトという子がいました。「僕はヘビのお家にする」と言い，ダンボールの家を作りますが，お面をかぶるわけでもなく，寝転がり過ごしています。友達と一緒に過ごしているだけで満足なのかと思う一方で，「僕のお家に誰も来てくれない」とボヤきます。

　そこで，保育者も一緒に入って遊びを提案したり，保育者がいることで

他の友達も「入れて」と仲間に入るのですが，いまいち盛り上がらず，本人はどこかに行ってしまったりします。ある時は，築山の土管の上で寝転がっていました。

　保育者も，ヒロトが何をしたいのか，どんなことをしたいのか悩んでいると，隣のクラスの担任に「ヒロト君って，面白いですよね」と声をかけられました。"え？"と，悩んでいた自分にとっては，面白いというより"困っている"という自分の思いが先行していたので，理由を聞いてみました。すると，「この前，寝転がっていたので，『何してるの？』って聞いたら，だんご虫マッサージしてたんですよ～」と返ってきました。

　それを聞いて，ヒロトはただ寝ていただけでなく，彼なりに楽しんでいたんだということがわかりました。同じ行為を見ても，「寝てるだけ」と感じている人（自分）と，それを「面白い」と感じる人（隣の担任の先生）がいるというこ

とは，つまりは，課題は子どもにはなく，保育者側の見方だということにも気付かされました。

担任は，いわば子どもの成長に責任があります。子どもたちの成長を願うあまり，"寝ている子"を見ると当然，何でだろうと心配になります。責任があるゆえに，子どもの行動や姿を時に肯定的に見られないことがあります。

私も，子どもへの見方が少々肯定的でないことに気付きつつも，なかなか1人では視点の転換ができず，悩んでいました。そこに，他の保育者と話したことがきっかけで，ヒロトへの見方が変わっていきます。

保育者は，ともすれば，子どもの行動の原因を外部環境に帰属させがちかもしれません。つまり，この子が遊べないのは（部屋に戻ってこないのは，こんなに生活習慣がついていないのは……などなど），子どもや保護者，また家庭環境，また今までの経験のせいにしがちかもしれないのです。

そうではなく，この場合は，自分の視点であることに気付きます。同じ行為を見て，人間ですから，色々に解釈します。でも，外部環境に原因を求めたとしても（そういう場合もあると思いますが）事態は好転しません。

（3）肯定的に，多面的に捉えていく

肯定的に物事を見るということは，その行動に隠れた意味を見出すということです。子どもの行動をすべて受け止めるということではありません。子どもの好きにさせるということではありません。

子どもの姿を肯定的に捉えていくために，また多様な視点で見ていくために振り返りが大事なのです。

今日1日の保育を振り返った際に，この子の行動の意味を考え，もしかしたらこういう意味があったのかもしれないと意味づけしていくことで，その子への眼差しや見方が変わり，手立てが変わります。そして，なかなか視点が変わらない時には，同僚との対話により視点が変わるきっかけになります。つまり，同僚と保育を話しながら振り返り，自分にはなかった物の見方を知ることによ

り，より子どもを多面的に捉えるきっかけになっていくように思うのです。

（4）「対話」の時間をいかに作っていくのか

　質の高い保育をしている園は，子どもの話をよくしている，と聞きます。会議や研究会などのフォーマルな時間だけでなく，片付けをしている時や掃除をしている時などのインフォーマルな時間で，今日あった面白い子どもの話をよくしているそうです。

　ある園では，保育後にお茶を飲みながらリラックスする時間があるそうです。そこでは，保育の話をすることもあれば，雑談をすることもあるそうです。何気なく話している時間の中に次の保育のヒントをもらうこともあるようです。

　対話することの重要性は叫ばれつつも，どのように対話の時間を確保していくのか（組織システムの視点），また対話できる雰囲気を（園の風土の視点）どのように構築していくのかは，なかなか語られません。

　ただ，"対話しなければ！"と肩肘はった気持ちではなく，雑談しながらリラックスした時間をもつことも第一歩なのかもしれません。

２．保護者と作る保育〜保護者が園のファンになる〜

（1）園と家庭の好循環

　昨今の幼稚園教育要領の改訂でも言われていますが，これから地域を巻き込むことの大事さが言われています。そして，保護者も保育に巻き込むこともキーワードになっていきます。

　様々な園の取り組みを見てみると，例えば子どもたちが興味をもった内容に詳しい親がいると教えに来てくれ，ドキュメンテーション（写真入りのお便り。詳細は8章）を見て必要な物を園に持たせてくれることもあります。

　今までと比べると，保護者が日々の保育（自分の子どもだけでなく，「保育に」です）に関心をもってくれている印象があります。

エピソード 7-5　「どうやったら火を起こせるか」（4歳児）

　ある年の4歳児クラスのことです。3学期のある日，焚き火をしたいとアイが言いました。最初は，焚き火ごっこで空き箱と赤い布を見立てていました（でも，本人はちょっと本気）。

　すると段々，仲間が集まってきて，「石をカチカチやるとできるよ」と石を叩いたり，「マッチがあればできる」と経験を伝えてくれます。すると，シュウゾウが何かを思い出し，割り箸と木の板を保育室から持ってきて，「こうやってこすればできる！」と割り箸を回し始めます。

　そんな話をクラスで話題にして，降園時にも保護者に今日話題になったこととして伝えました。翌日，数人の子たちが「調べてきた！」「おばあちゃんに聞いてきた」と火起こし器の作り方を書いてきてくれました。

　それから数日後，この試みに最も興味があったイタルは家で火起こし器を作り，なんと園に持ってきてくれました。お父さんが大工仕事の得意な方で，家庭で話題になり実際に試行錯誤しながら作ったそうです。

　このエピソードで素敵なことは，園で必要なものを保護者が作ってきてくれたことと，クラスや子どもが興味をもっていることが園だけでなく，家庭でも行われているところです。園で行われている遊びが，園だけでなく家庭でも展開されていくことはとても素晴らしいことだと思います。

（2）キーワードは，保育の見える化

　私自身も最近は，今日あった保育のことを保護者に直接伝えたり，子どもた

ちの遊びに必要なものを募集したりしています。すると，最近は外での基地作りに必要な布やスダレが翌日にすぐに集まったり，「これ使えそうじゃないですか？」と机やタイヤを持って来て下さる方もいました。

中には，隣の家が解体するので，子どもたちが使えそうなものを運んできてくれた保護者の方もいました。

こんなことできないかな？ これは使えるかもしれない，と「保育」や「子ども」への思いを巡らせ，保護者が園の「ファン」になっていくことがこれからは大事なキーワードになります。

その際に大事なことは，保育の見える化です。お迎えの時の一言，写真入りのドキュメンテーションで，日々の保育を見える化していくことです。行事や皆で行ったことも含めて，日々の遊びの中で子どもたちが興味をもったことを発信していくことです。

3．地域との関係

（1）地域と保育

幼児期の終わりまでに育ってほしい姿の「社会生活との関わり」でも挙がっているように，「地域」に目を向けていくということはこれから大事な要素になっていきます。どの園でも例えば散歩に行くとか，近隣の公園に行くとか，何かしらの「地域資源の活用」はしていると思います。

昨今の研究会や研修会での実践報告では，子どもが興味をもっている内容をより深めていけるように，近隣のお店や企業などに出向き，実際に子どもたちがお店の方に方法を聞き試行錯誤している，という話を耳にします。

その背景には，事前に保育者がお店に何度も出向いていたり，そのお店自体に興味を抱いており，さらに自分たちの保育についての内容を丁寧に話しています。単純に，子どもが興味をもったからお店に行って聞くということではなく，保育者自身が子どものしていることを面白がり，そのお店や事柄への興味を高めているからこそできることでしょう。

　近隣に商店街やお店がない場合もあります。しかし，活用できる地域の資源はないでしょうか。

（2）身近な地域の思いを寄せる

> **エピソード 7-6**「地域の歴史を知る」
>
> 　ある年に，保護者から「こんな面白い人がいるよ！」と紹介された人がいました。その方は，玉川上水の自然を研究され保護しようとしている先生でした。我が園は，玉川上水の隣に位置し，緑豊かな緑道が広がり，四季折々で豊かな木々や虫，花が楽しめる場所です。保護者にコンタクトを取ってい
>
>
>
> ただき，3回のワークショップをお願いすることにしました。
>
> 　第1回目は，玉川上水の歴史についてスライドを交えて語っていただきました。2回目，3回目は，どんぐりの種類や，玉川上水の絵を皆で書きました。
>
> 　歴史の中で，上水が汚くなってしまった時代があったが，上水を守ろうと地元の有志が立ち上がり，綺麗になったこと，また四季折々の自然が見られる玉川上水は日本でも珍しい場所なんだ，という話に，子どもたちも真剣に耳を傾けていました。
>
>

　身近である玉川上水にこんな歴史があったことを，私も恥ずかしながら初め知りましたし，玉川上水にこんなにも愛情を注いでいる人に出会えて良かったと思います。

　今回の幼児期の終わりまでに育ってほしい姿による「社会生活との関わり」で最も大事なことは，自分たちが住んでいる地域について知ることです。どんな地域に住んでおり，どんな歴史があったのか知るということは重要なことです。

（3）大学との交流

> **エピソード 7-7** 「美術大学との交流」
>
> 　私たちの園は，緑豊かな玉川上水の隣にあり，10 分ほど歩くと駅から続く小さな商店街があります。さらに，隣には美術大学などの学校施設もあります。何か一緒にできればいいなあとは思いつつも，どうコンタクトをとったらいいのかわからないそんな悩みもありました。
>
> 　そんな折，ある若手の保育者で隣の美術大学によく見学に行く保育者がいました。大学内に美術用品を売るお店があり外部の人間でも買えるから一緒に行こうと言われ，誘われるがまま一緒に行くことになりました。
>
>
>
> 　その後，美術大学内のパン屋で働いている保護者の情報で，大学内はいつでも見学可能だということを知りました。ぜひ，行こうということになり（若手保育者の方が乗り気だった），ある年の 4 歳児クラスでアポイントなしで散歩に出かけることになりました。

　受付で，散歩に来た旨を知らせると，快諾していただき，子どもたちと学内を散歩しました。ちょうど，学内では学園祭が終わった後の片付け中で，展示してあった竹の遊具で遊ばせていただきました。

　竹の遊具を製作した学生さんに話を聞くと，なんと今日で解体してしまうとのことでした。授業の一環で製作したもので毎年作っているとのことです。もし良かったら，幼稚園が近いのでいただけないか，そんな図々しい話をしたと思います。

　散々遊んで園に帰ると，その学生さんが担当の先生に聞いてくれたよう

で，園で使ってもらえるならぜひ，ということで，すぐに学生さんたち総出で運んできてくれました。

　そこから，美術大学との交流が生まれ，制作展などがあると子どもたちを招待していただけるようになりました。

　交流や連携がなかなか生まれないと思っていましたが，若手保育者の提案により実際に足を運んでみたことにより，予想外な展開に発展していきました。まず実際に足を運んでみることが交流の第一歩なのかもしれません。

（4）地域や保護者を巻き込みながら保育を展開していく可能性について

　最後にもう1つエピソードを紹介したいと思います。地域との連携は，単純に交流するという意味ではありません。子どもたちは，「地域」に住んでいます。自分の「家」と「園」とだけで生きているわけではありません。子どもたちが，その地域で生活し，生活するための方法を獲得し，様々な人たちとのつながりを感じながら生きるということが必要だと感じます。

　自分勝手に生きるのではなく，そこで暮らしている人たちと知恵を出し合い，つながりを感じ，支えながら生きてほしいと願っています。どういう子どもたちになってほしいのか，どういう地域のあり方が望ましいのか，広い視野と長い目で考えていくことが必要です。

　以下のエピソードは，そのことが垣間見えるエピソードです。

エピソード 7-8　焼き芋（5歳児）

　6月の5歳児クラスでのことです。「これ，焼き芋に使いたい！」ケイが登園時に拾った木を持ってくると，それを聞いた仲間が，「火を起こして，焼き芋やろう‼」と言い始めます。

　ここから子どもたちの火起こしの探究が始まりました。しかし，石や木の枝を使って火を起こそうとはするものの，もちろん火はおろか煙も出ません。

　帰りに保護者に子どもたちの取り組みの様子を話すと，翌日，興味をもった保護者が子どもと一緒に作った火起こし器を作って持ってきてくれました（p.161で登場したイタルが4歳児の時に使ったものです）。夢中になって取り組むものの，途中で紐が切れたり，壊れたり，試行錯誤していく中でようやく，煙が出るまでは成功しました。

　しかし，肝心の火が起きません。次の方法を子どもたちと考えていったときに，ある子が「うちのお兄ちゃん，学校で虫眼鏡と黒い紙で火をつけたって聞いたよ」「え

～‼ それだそれ‼」とすぐに虫眼鏡を片手に実験が始まります。でも煙は
もくもく上がるものの，火にはなりません。このことを保護者に伝えると，
もぐさはどうだろう，とヒントをもらえました。お灸のもぐさを持ってきて，
再び挑戦！ すると，何日かかけて見事，火種を作ることに成功しました。

　焼き芋をするためには，まず消防署・市役所に連絡していきます。あとは，
ご近所さんへの挨拶まわりも必要です。これらの仕事は，今まで保育者が
担っていましたが，今回は子どもたちに伝えることにし，できるところは
子どもたちと一緒にやろうと考えました。すると，ご近所さんへの手紙は
子どもたちが書き，公園にいる方や道行く方々にもわかるよう，ポスター
にしてフェンスに貼りました。

　するとご近所さんからお返事が届きました。おすそ分けを持っていきた
い！ と張り切っていました。

　念願の焼き芋を翌日に控え，「たか１組だけで食べようか」と話していま
したが，「煙でばれちゃうよ」「ずるいよってなる」「弟にもあげたい」とい
う声が出て幼稚園中の人に配ることになっていきます。しかし，そうとな
ると芋の数が足りません。どうしようか考えていくと「家のあまっている
芋持ってくる」「でもそれだけじゃ，これっぽちしか食べられない」「わかっ
た！　募集すればいいんだ‼」「箱にお芋募集中って書いて置いておく」「で
もその箱，どこに置く？」「た
か１組の前じゃ，あんまりお母
さん通らないし」「わかった！
門のところだ！ あそこなら大人
も子どももいっぱい通る！」と，
なんと朝，門に立ち『芋の呼び
かけ運動』が始まりました。

168 ●

そして翌日，なんと段ボール3箱分のサツマイモ・ジャガイモ・リンゴなどが集まりました。朝から芋を切り，包み，火を起こし，念願の焼き芋に成功しました。当日も，積極的に動き，待ちわびる小さい子どもたちに，味見だよと手渡す姿が見られました。

　一般的に焼き芋をするときには，火をつけるなどの準備はすべて保育者が担うところが多いと思います。それを，子どもたちにやり方を委ね，石で火をつけるところから始まり，子どもたちの試行錯誤が始まります。様々な体験をするということは大事なことです。ただ，子どもがどこを主体的に担うことができるのかを考えることが重要です。地域や文化にもよりますが，ただ見ているだけ，本当に部分だけの参加というのは，子どもに何が残るかを考えていく必要があります。

　そして，子どもたちが試行錯誤している段階で，保護者にも取り組みの途中経過を伝えているのがポイントです。「こういうことができました！」ではなく，「今，こういうことをしています」という途中の経過を伝えることで，保護者の知恵を借りることができました。ライターやマッチを使わずに火を起こすというのは，もしかすると保育者でも経験のないことかもしれません。保育者も，保護者も一緒に考えていくことで，子どもと一緒に学んでいくことがこのエピソードからうかがうことができます。

　そして，今まで大人が担っていた部分，地域の人に連絡すること，消防署に連絡することなどを子どもたちに伝えました。大事なことはここではないでしょうか。

　当たり前にできていることは，実は大人が事前に準備し，用意しているとい

う事実を子どもたちは知る必要があります。学年にもよるとは思います。しかし、「子どもだからわからないだろう」「この年齢だから伝えなくてもいい」ではなく、共に保育を作っている存在として互いに知っておいてほしいのです。

　子どもは、大人が思う以上に、いろいろなことを感じています。そのことを伝えると、保育者の予想を超えた行動が生まれていきました。このエピソードには、「教える側」としての保育者と「教えられる側」としての子どもという関係ではなく、対等な人間と人間の関係の大事さを物語っているように思います。

第7章　演習課題

1．保育者同士の対話を育む方法として、園内にどんな場を設ければ活性化していくのか考えてみましょう。

2．保育において地域の人と交流するために、どんな方法があるか考えてみましょう。

第8章
保育の記録・計画・評価

本章のねらい

　幼稚園や保育所，認定こども園では，子どもたちが園での生活全体を通して続く小学校の生活に向け「幼児期の終わりまでに育ってほしい姿」に近づくよう保育が組み立てられています。そして，日々の保育は，子どものよりよい育ちを考えながら，保育を計画し，計画した保育を実践し，実践した保育を振り返ってまた新しい計画を立てるといったサイクルによって営まれています。また，保育を計画するためには深い子ども理解が基盤となるため，日々の保育の記録が重要な意味をもちます。

　この章では保育の実践にむけた計画から評価までの一連の流れについて学んでいきます。そして理論編や保育の実践エピソードで学んだことをもとにしながら，保育の実践を想定した計画を作成し，実践し，評価するという一連の演習を通して，保育の実践について具体的に理解を深めましょう。

① 保育のカリキュラムについて基礎的事項を学びましょう。

　教育課程，全体的な計画や指導計画および評価についてその考え方について学び，保育がどのようなカリキュラムに基づいて営まれているか理解を深めましょう。

② カリキュラムと保育の実際について具体的に理解しましょう。

　保育の現場において保育の記録〜保育の計画〜実践〜保育の評価が行われているか具体的に学びましょう。

③ 保育の記録・計画・実践・評価という一連の流れを理解し，実践してみましょう。

専門的事項

●●●●●●●●●●●●●●●●●●●●●●●●●●●●●●●●●●●●

第１節　保育におけるカリキュラムの展開

（１）「教育課程」・「全体的な計画」について

　第２章にて述べたように幼稚園教育要領や保育所保育指針等には「幼児期の
終わりまでに育ってほしい姿」が示されています。各園では在籍期間の生活全
体を通して，子どもたちがこの姿に近づくためにどのような道筋をたどるのか
ということを考えます。そして幼稚園では教育課程を編成し，保育所や幼保連
携型認定こども園では全体的な計画を立案し，それぞれの時期において子ども
たちがどのような経験をするのかという全体像を示さなければなりません。で
は「教育課程」や「全体的な計画」について実際の子どもたちの様子から考え
てみましょう。

> **エピソード 8-1** お別れパーティー（５歳児）[*1]
>
> 　５歳児クラスのカズマはクラスでの活動で手を上げて発言したり，サッ
> カーの遊び集団の中でルールを作ることを提案したりすることができ，リー
> ダー的な存在です。クラスに実習生が入り，多くの子どもが実習生に親し
> みをもち，関わる姿が見られました。カズマも実習生を遊びに誘ったり，
> 甘えたりする姿が見られました。
>
> 　ある日，自由遊びの時間にカズマが担任の所まで来て「ミユ先生（実習生）
> のお別れパーティーをやりたい」と話します。担任はそれを受け入れ，ど
> のようなお別れパーティーにするかを話し合いました。そして，カズマの
> 提案で朝の会の後に子どもが実習生を図書室に誘い，その間にクラスで準
> 備を行い，戻ってきたときにサプライズパーティーを行うことになりまし
> た。担任が「じゃあ，カズマくんがミユ先生を図書室に誘ってくれるの？」
> と尋ねると，カズマは「僕はみんなと一緒にパーティーの準備をするんだよ」

と答えます。担任が「じゃあミユ先生と図書室に行くのは誰がいいかなぁ」と言うとカズマは少し笑って「うーん」と言い，考え込みます。カズマが「ソウマくんがいいんじゃない？」と言うと，担任が「ソウマくんね！　でもどうして？」と尋ねます。カズマは「ソウマくんはしっかり者だから，ばっちりだと思う。」と答えます。そして，カズマと担任は遊んでいるソウマのところに行き，ミユ先生のお別れパーティーをしたいことを話します。そして，カズマはソウマに「ソウマくんはばっちりできると思うよ！」と笑顔で言い，ソウマは少し笑ってから「いいよ。わかった。」と答えます。

　本番のサプライズは成功し，実習生が喜ぶ姿を見て，クラスの子どもたちもとても喜んでいました。

　エピソード8−1にあるように，カズマはこれまでの園生活を通して考えたり，工夫したりしながら自己を発揮し，自信をもって行動している様子が読み取れます。そして，実習生のお別れパーティーを開くという共通の目的に向けて，クラスの子どもたちが協力して準備を進めていきます。カズマの「ソウマくんはしっかり者だから・・・」という発言からは，これまでの経験の中で，友達の良さに気付き，それを認める関係性ができていることがわかります。このエピソードからは，次年度に小学校への就学を迎える5歳児クラスの子どもたちの自立心や協同性が育っている姿を捉えることができるでしょう。

　エピソードに見られるような自立心や協同性は，5歳児になって突然身につくものではありません。まずは身近な大人との関わりの中で心が安定し，自己を発揮できる環境があることが大切となります。そして安心感を土台としながら他者と関わる中で，一緒に遊んだり活動したりすることの楽しさや難しさ，そして葛藤を経験していきます。この多様な経験の積み重ねによって，次第に子どもたちの自立心や協同性が育っていくのです。

　「教育課程」や「全体的な計画」は，保育の目標に基づき園の生活全体が総合的に展開されるよう，組織的・計画的に作成しなければならないものとして決められています。そしてこれらは，園がある地域の特性や園の実態，園の子

どもの状況等を踏まえながら，長期的な見通しをもち作成されることが求められています。

（2）保育における「指導計画」
① 「指導計画」とは

　子どもの在園期間における一番大きな計画は「教育課程」あるいは「全体的な計画」でした。これらに基づいて保育を実践するために，保育の現場では具体的な実践計画として「指導計画」を作成します。指導計画には生活や発達を見通した「長期の指導計画」と，具体的な日々の生活に即した「短期の指導計画」があります。保育で重視されていることは子どもの自発的な活動である遊びですが，遊びのための時間さえあれば子どもが自発的に遊び始めるわけではありません。子どもの興味・関心に基づき適切に構成されている環境があり，保育者や仲間の存在があるからこそ，自発的に遊びが始まり発展しながら継続していくのです。また，幼稚園教育要領や保育所保育指針等に示されている保育の目標を達成するためには，園生活の中で多様な体験を重ねる必要があります。保育者は子どもたちの園での生活が総合的に展開されるように，日々工夫をしながら保育を組み立てていくことが求められます。

　領域「人間関係」を例に挙げながら考えてみましょう。人との関わりに関する領域「人間関係」では，「他の人々と親しみ，支え合って生活するために，自立心を育て，人と関わる力を養う」ことを目標としています。そして以下の3つをねらいとしています。

（1）幼稚園（保育所）の生活を楽しみ，自分の力で行動することの充実感を
　　　味わう。
（2）身近な人と親しみ，関わりを深め，工夫したり，協力したりして一緒に
　　　活動する楽しさを味わい，愛情や信頼感をもつ。
（3）社会生活における望ましい習慣や態度を身に付ける。

　例えば，（2）のねらいについて保育の実践をもとにして考えてみたいと思い

ます。A園では商店街への散歩をきっかけに，5歳児クラスでお店屋さんごっこが始まりました。ケーキ屋さんのケーキを作る人，お店の看板やお金を作る人，お客さんを呼んでくる人に分かれ，遊びが進んでいきます。また，9月になると運動会に向けてリレーの練習が始まりました。どうしたら隣のクラスに勝利できるのか，走る順番をクラスみんなで話し合います。

　このようにさまざまな活動を重ねながら，次第に総合的にねらいが達成されていくことが保育の特徴です。5歳児クラスの1年間，あるいは12か月のうちの1か月について，子どもたちの姿をもとに具体的にどのような「ねらい」をもってどのような活動をするのかということを構想します。活動のための環境構成とそこでの保育者の援助について考えることが指導計画の基本構造となります。

②　「指導計画」の実際

　日々の保育は，多くの場合，その前週の子どもの姿から作成された週日案にて実践されることが多いようです。ここでは，実習にて使用することの多い部分指導計画について具体的に見ていきましょう。

　指導計画の作成の手順は以下のようになります。

1．現在の子どもの姿をもとに育ってほしい姿としての「ねらい」と，ねらいを達成するために経験する「内容」を設定する。
2．ねらいと内容から適切な環境構成を考える。
3．子どもたちが環境に関わりながら活動する姿を予測する。
4．子どもたちが主体的に経験を重ねられるよう，保育者の援助や配慮を構想する。

　指導計画の形式は園によって異なりますが，実習などでよく使用される部分指導計画案が次ページとなります。

指導計画の例^{*2)}

○月△日（月曜日）実施　5歳児　　　ほし組　計30名

『カードめくりゲーム』

子どもの姿	ねらい
・運動会以降，自由遊びの時間に身体を動かして遊ぶことを楽しむ姿が見られる。 ・ドッジボールやリレー等の競争をして楽しむ。ルールのある遊びをよく行う姿が見られる。 ・グループごとに分かれると，グループで団結し，一緒にがんばろうとする姿が見られる。	・友達と一緒に身体を動かす楽しさを味わう。 ・競争することの面白さを味わう。 ・グループで分かれて活動することで，仲間と一緒にがんばることの大切さを感じる。
	内容
	・カードめくりゲームを通して，身体を動かしながら友達と協力する楽しさを味わう。

時間	環境の構成	予想される子どもの姿	保育者の援助・配慮
10：45	ホール	・ホールに移動し，円になって座る。	・ルールの説明のため円になって座るように促す。
10：50	赤のテープと白のテープはあらかじめ床に貼っておく。 準備物：カード60枚	・保育者の話を聞く。	○カードを見せながら「カードめくりゲーム」のルール説明をする。 □赤チームと白チームに15人ずつ分かれる。表裏が赤と白になっているカードが60枚あり，30枚ずつ赤と白にして設置する。赤チームは白カードをめくって赤カードにし，白チームは赤カードを白カードにする。ゲームは赤チームは赤線の上に並び，白チームが白線の上に並び，保育者がホイッスルを鳴らしたら始まる。両手を使っても良いが，めくったら同じ場所に戻す。ゲーム中に保育者がホイッスルを鳴らしたら子どもはカードめくりを止め，元の線に戻り，保育者が数を数えて多かったチームが勝つ。
11：00		・子どもが一列になり，当番の子どもが左右に分けて2つのチームを作ることを提案する。 ・当番の子どもが他の子どもに声を掛け，チーム分けをする。	○チーム分けをする。 ・チーム分けのやり方はどうしたらよいか子どもに尋ねる。 ・当番の子どもにチーム分けを促す。 ○カードめくりゲームを始める。

時刻	環境構成	予想される子どもの活動	保育者の援助・配慮
11：10		・チームに分かれ，それぞれ赤線，白線の上に立つ。 ・カードめくりゲームを始める。 ・夢中になってカードをめくる。 ・カードをめくるのを止め，元の線の上に戻る。 ・ホイッスルが鳴っても，カードをめくり続ける子どももいる。	・子どもがチームに分かれてそれぞれ赤線，白線の上に立つように促す。 ・これから始めることを伝え，ホイッスルを鳴らして1回目を始める。 ・ホイッスルを鳴らし，ゲーム終了を伝える。 ・ホイッスルが鳴ってからもカードをめくる子どもがいた際には，ゲームに夢中になっていることや，勝ちたい気持ちを受け止めながら，ルールを守ることの大切さを伝える。 ・ホイッスルが鳴ってからめくられたカードの表裏を戻す。 ・カードの枚数を数え，多かったチームの勝ちを伝える。 ・負けたチームもよくがんばっていたことを伝える。 ・チームごとに作戦会議をする時間を設ける。
	カードは赤白が同数になるようにする。場所が偏らないように気を付けながら広げて置く。	・勝ったチームが喜ぶ。	
11：20		・それぞれのチームが集まって，作戦会議を行う。 ・両手でカードをめくったり，相手がめくったカードをすぐにめくるといった作戦を考える。	
11：30		・カードめくりゲームを始める。 ・作戦をうまく生かしながらカードをめくる。 ・カードをめくるのを止め，元の線の上に戻る。 ・勝ったチームが喜ぶ。	・2回目のカードめくりゲームを始めることを伝え，ホイッスルを鳴らす。 ・ホイッスルを鳴らし，ゲーム終了を伝える。 ・カードの枚数を数え，多かったチームの勝ちを伝える。 ・子どもにカードめくりゲームの感想を聞く。
11：40		・ゲームの感想を話す。 ・保育室に戻る。	○保育室に戻り，給食の準備をすることを伝える。

（3）保育における評価

①　保育の実践サイクル

　前節で述べたように，日々の保育は指導計画をもとに実践されます。この指導計画は，予測のもとに立てられるものですから，すべてが計画どおりにいくわけではありません。保育は計画したものを実践すればそれで終わりということではなく，計画がクラスの子どもたちにとってふさわしいものであったかということを振り返ることが必要となります。保育者の援助や環境構成は適切であったか，ねらいや内容は子どもたちにとって妥当なものであったかということなどを子どもたちの様子から探ります。そしてそこで明らかになった課題をもとに，改善策を考えながら次の計画を立てていきます。

　このように日々の保育は図表8-1にあるようなサイクルをたどりながら実践されていきます。これは日々の実践だけではなく，それより長いスパンである月や期，年間の計画においても同様のことがいえます。

図表8-1　保育の実践サイクル

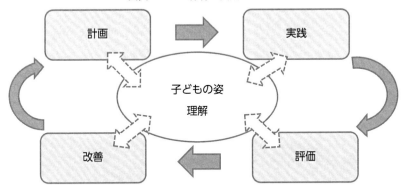

②　子どもの理解に基づいた評価

　保育を計画し実践するためには，育ちの状況や興味・関心など子ども一人一人に対して理解を深め，それを計画に反映させることが必要となります。そのために幼稚園教育要領等では指導の過程の評価を実施することとしており，評価をする際の留意点について以下のことを挙げています。

> 指導の過程を振り返りながら幼児の理解を進め，幼児一人一人のよさや可能性など
> を把握し，指導の改善に生かすようにすること。その際，他の幼児との比較や一定
> の基準に対する達成度についての評定によって捉えるものではないことに留意する
> こと。（幼稚園教育要領第1章第3節－4）

　保育における評価とは，幼稚園教育要領に示されているように達成基準に対
して，それができるかできないかといったことを他の子どもと比較して判断す
ることではありません。小川（2010）は保育の指導計画における「ねらい」は「臨
床目標」であるとし，子どもにおける態度の望ましさを見るために設定される
ものであるとしています。そしてこの「ねらい」は，ある時点の子どもの実態
の解釈にすぎないため，幼児の実態を継続的にその解釈に加えることで，幼児
の実態に合わせ修正していくことが必要である[1]としています。

　このように保育における計画や評価は，子どもと関わりを重ねながら，子ど
もに対する理解を深めると同時に子どもの可能性について探り，指導をよりよ
いものにしようとしていく営みであるといえるでしょう。

③　小学校への接続

　第2章で述べたように「幼児期の終わりまでに育ってほしい姿」は，資質・
能力が育まれている具体的な姿ではありますが，小学校就学時までの達成目標
ではありません。子どもの育ちは幼稚園や保育所で区切りを迎えるものではな
く，そのまま小学校へと継続していきます。しかし，幼稚園や保育所と小学校
では生活の仕方や教育の方法が大きく異なるため，育ちの連続性をどう保障す
るかということが課題となっています。指導要録や保育要録の活用，保育者と
小学校教諭の合同研修や交流を通して，子どもたちが円滑に小学校生活へと移
行することができるよう工夫することが求められています。

【注】

＊1）・＊2）は茨城大学教育学部附属幼稚園 小野貴之氏に提供していただきました。

──────────── 引用文献 ────────────

（1）小川博久『遊び保育論』萌文書林，2010 年，p.212。

・・・・・・・・・・・・・・・・・・・・ 参考文献 ・・・・・・・・・・・・・・・・・・・・

岩崎淳・及川留美・粕谷亘正『教育課程・保育の計画と評価』萌文書林，2018 年。
文部科学省『幼児理解にもとづいた評価』チャイルド本社，2019 年。

第8章　確認問題

1．下記の文章の（　①～⑤　）に当てはまる語句を記入しましょう。

　子どもが園の在籍期間の全体にわたって，目標に向かいどのような道筋をたどるのか，幼稚園では（　①　）を編成し，保育所や幼保連携型認定こども園では（　②　）を立案しなければならない。

　保育の現場では（　①　）や（　②　）に基づいて保育を実践するために具体的な実践計画として（　③　）を作成する。保育は（　④　）・実践・評価・（　⑤　）というサイクルをたどって実践されている。

（解答は p.194）

2．p.176－177の指導計画の例を参考にしながら，部分実習でルールのある遊びを行うことを想定して指導案を作成してみましょう。

演　習

1．記録はそもそも何のためなのか

（1）ワクワクする姿から記録が生まれる

　実習生であれば，実習日誌は必須です。ほとんどの学生さんが，実習は楽しかったけど，この日誌に悩まされたのではないでしょうか。現場の保育者にとっても，日々の記録や日案，週案，または保護者に向けたお便りなど，「記録」または「書く」ということは欠かせないものです。

　しかし，ちょっと立ち止まって考えてみましょう。なぜ，記録が大事なのでしょうか。監査があるからでしょうか。役所への申請で必要だからでしょうか。来週の園内研究会で提出しなければならないからでしょうか。

　私自身も書くことが苦手で，若手時代は苦労してきた経験があります。子どものため，保育のためとは頭ではわかりながらも，記録の本質的な意味合いがわからない時がありました。

　今振り返ると，それは「記録のための記録」だったからです。記録することが目的だったからです。

　何が大事なのか，結論から言うと，まず実践です。伝えたい子どもの姿があるかどうか，です。心が動かされた瞬間が今日あったかどうかです。

　日々保育をしていると色々なことがあります。例えば，保育者が色々に声をかけてもまったく集団での遊びに入らなかった子が，「ちょっとやってみようかな」と心が動かされて参加してきた。あるいは，慎重さがあるが故に，なかなか新しい遊びにも取り組まなかった子が自分から遊びに入ってきた・・・など，担任にしかわからないその子のちょっとした変化があり，心が動かされた瞬間があると思うのです。

　そんな場面に出会うと，すぐに保護者や同僚に伝えたくなりませんか？　それが，記録の原点だと思うのです。実践から記録が生まれ，記録はその実践を伝

えるためのツール，あるいは振り返るためのツールです。

　つまり，ワクワクするような姿（実践）があって，伝えたい！ という保育者の思い（保育者の主観）があり，言葉や文字（記録）になっていきます。

　記録は誰のためかというと，自分です。「これを伝えたいんだ！」という思いから始まっていくのです。

（2）記録に体温を宿す

　以前は客観主義的な記録の書き方が主流でした。保育者の主観や思いをなるべく書かず，子どもが発する言葉や行動をありのままに書くやり方です。ありのままの行動や言葉（事実）を書き，主観を交えないことで，事実はある程度正確にわかるという利点もあります。こういった方法も大事な書き方ではあります。

　ただ，書いていて "明日，保育をしたくなってきた" という思いにかられたり，"この記録を誰かに伝えたい！" となるでしょうか。オーソドックスな実習日誌だと「時系列」を用いて書きますが，時系列日誌を書いていてとってもワクワクしてきた！ とか，このクラスの時系列がとっても楽しかったから，ぜひ記録に残したい！ とはならないと思います（ちなみに，時系列日誌を否定しているのではなく，それはそれで必要な書き方でもあります）。

　鯨岡（2007）がエピソード記録という記録方法を提唱して以来，現場では少しずつ「保育者の主観」に焦点が当たるようになってきたように感じます。保育者が心を動かされた，面白かった，あるいは疑問に思ったなどの，保育者の心情をもっと大事にし，それを記録の軸にしていくというスタイルです（鯨岡の提唱するエピソード記録は，「子どもの姿」「背景」「考察」の3つがセットになる記録方法）。

　保育者の主観が入らない記録のスタイルから，保育者の主観を軸に据えた記録のスタイルにスポットが当たっていったように感じます。現場の保育者は研究者ではありません。分析方法や分析の信頼性が大事なのではなく，いかに保護者や同僚に実践を伝えられるか，実践を振り返るためのツールになっているか，が大事になってきます。

　私は，"体温を上げる"と呼んでいますが，記録に体温を宿そうと職場内でも話題にします。「子どもたち」ではなく，なるべく「○○くん，と△△ちゃん」と具体的に表記することで読み手のイメージが深まります。また，保育者がどう思ったか，失敗や反省も含めて（これが意外に大事。読み手の共感を誘います。ただし，反省の内容によります）あるがままに書き記していきます。

　誰がどのようにしていたのか，そしてそれを見ている隣の子はどんな表情でどう感じていて，書き手である保育者はどう心が揺さぶられたのか，具体的に描いていくことで，読み手に伝わりやすくなります。さらに具体的に記録していくことで，振り返るきっかけにもなるでしょう。

（3）実践のための記録

　ここ最近では現場の保育者が保育実践を研修会などで語ることが増えてきました。映像を交えながら，実践をイキイキと楽しそうに語る姿が印象的で，原稿を持っていないのに，写真1枚でこうも子どものエピソードが語れるのか，と驚いた記憶があります。

　まず，伝えたい！と思う実践があるかどうかです。保育をしているとうまくいかないこともあり，そう毎日毎日，語りたい実践が生まれるとは限りません。しかし，子どもたちと日々生活していくと，小さな発見や変化が生まれてくるかもしれません。それを日々，少しでもいいので書き記していく。小さな点と点がつなぎ合わさり，子どもたちの物語になっていきます。大事なことは，「記録のための記録」ではなく，「実践のための記録」です。

2．プロセスを「見える化」していく試み

（1）記録は，簡略化，焦点化

　記録は，まず実践があり，保育者の思いや心情（主観）に焦点を当てると前述しました。もう数点加えるならば，簡略化と焦点化が挙げられます。

　例えば保育園であれば朝から夜まで保育があり，限られた時間に記録や雑務

をする必要があります。最近は，お昼寝の時間を有効活用し，記録を書いている園もあります。限られた時間を有効に活用するといった時に，膨大な量の記録は書けません。結局，持ち帰りの仕事や残業が増えていく一方です。記録を書くことは重要ですが，保育者の生活や仕事を圧迫するような仕事量は絶対に避けるべきです。

そうした時に，膨大な量の記録ではなく，簡単にできる記録が推奨されます。例えば，最近ではデジカメの普及から写真を保育中に撮る園もかなり増えていると思います。その写真1枚にコメントを書いて掲示していく（ドキュメンテーション）というやり方も一般的になっています。

また，園内で話し合ったことを記録し，翌週の計画案の補助資料として活用するなど，すでに行っていることを可視化していくことで記録として代用する試みもあります。

ポイントの2つ目は，「焦点化」です。何に重点を置くのかを明確にしていくことです。例えば4月から7月までの子どもの姿を記録するという方法では，「焦点化」する必要がないからこそ，膨大な記録になりがちです。目的によっては，そういった方法が求められる場合もあります。

日常的に記録を行っていくには，何を記録していきたいのか目的を明確化し，決められた時間内に終えることができ，なおかつ保育者自身が効果を得られる方法が求められます。

（2）見える化の有効性

先ほども少し触れましたが，ドキュメンテーションという記録方法が一般的になりつつあります。パソコンで作ったり，印刷した写真を紙に貼り文字を書いていくなど，色々な作り方があります。

ドキュメンテーションには様々な意味があります。同僚や保護者と「対話のツール」になることや，保育者自身の「振り返りのツール」つまり記録としても活用できます[1]。

私がその中でも大事だと思う要素は，保育の見える化です。これが最も大事

な要素だと思います。

　幼児期に大事なことは，いうまでもなく「遊び」です。保育者や保育関係者にとっては，当たり前のこの事実が，一般的には恐ろしいほど浸透していません。幼稚園は「勉強」，保育園は「生活」という固定観念が未だ浸透しています。

　見栄えのする鼓笛隊や合唱，運動会の組体操よりも，「遊びが学び」であるということをもっと発信していく必要があります。その際，子どもたちが今取り組んでいる遊びを「わかりやすく」伝えていくとなった時に，ドキュメンテーションのような伝わりやすいツールは非常に有効です。

　遊びの中に，子どもたちが試行錯誤し，仲間同士が対話し，たくさんのことを学んでいるということを「見える化」していくことで，遊びの重要性を発信していくということが大事なことになります。

（3）子どもにとっての見える化

　ここまで書くとドキュメンテーションが大事であり，明日から写真をたくさん撮ろう！　となると思いますが，大事なことは「見える化」です。そのためのツールが写真を使用したドキュメンテーションです。

　大事なことは見える化ですので，写真を使わない場合もあります。例えば，私の例で恐縮ですが，担任しているクラスで集合した時に日々今日あったことを話題にします。遊びのこと，ふと思ったこと，畑のこと，年長であればニュースのことや，世界で起こっていることなど。そこでの子どもの発言は，すべて紙に書いていきます（見えるようにA3ほどの紙）。

　私は絵があまり上手ではありませんが，可能な場合はイラストを描いてわかるようにします。文字が読める／読めないということもあるでしょうが，子どもが話した内容を，その場で書くこと，つまり「見える化」することに意味が

あります。

　字は読めなくても，（興味次第ですが）話した内容や流れは記憶に留まり，「見える化されたもの」を見ることにより自分で振り返るきっかけになることもあります。また，保護者が目にしたときに，保護者と子どもとの対話のツールになっていくこともあります。

　今日あったことを即伝えるということを私は最近大事にしているので，書くことで「見える化」するという手法はよく使います（保育園は昼寝時に書くことで毎日発行できる利点がありますが，幼稚園は保育時間中に休憩がないため，ドキュメンテーションを作るということはなかなか難しいでしょう）。

（4）指導要録と個人記録

　用語が統一されていないので，混乱が起きるかもしれませんが一般的な概念として紹介すると，遊びなどに焦点化していくのがドキュメンテーション，個人に焦点を当てたものをポートフォリオと分類できます。

　我が園の取り組みをご紹介すると，ドキュメンテーションの他に，今年度からポートフォリオも導入しました。これは，もともと学期に２回ほど「メタセコイア」という連絡ノートに子どもの様子を書いて保護者に渡していました。文字だけだったので，そこに写真を載せてみてはどうかという意見が職員から挙がり，いわゆるポートフォリオになっていきました。

　親のページも作ったところ，写真をふんだんに使って夏休み中の子どもたちの様子を作っていただきました。おそらく作るのが大変だった方もいると思いますが，夏休み明け，子どもたちが自分のメタセコイアを嬉しそうに友達と一緒に見ているのが印象的でしたし，そこから夏休みに体験したことを遊びとして再現した子もいました。

　保護者が作ってくれたドキュメンテーションが，子どもにとっては夏休みを振り返るツールになり，友達と対話できるきっかけになっていました。

保護者が作成した写真入りのコメント(いわゆるドキュメンテーション)
夏休み明け，これを子ども同士が嬉しそうに見せ合っていました。

　このメタセコイアは，学期末に一度作成する個人記録になります。これを学期ごとに行うと，1年間の個人記録になります。これからの取り組みになりますが，メタセコイアとして記述した1年間の個人記録を指導要録への参考にしようと計画中です。

　これは，先ほど記述した「簡略化」ともつながりますが，利用できるものは「再利用」した方が圧倒的に効率的です。もちろん，メタセコイアは保護者用に出している媒体ですので，言葉や言い回しは「要録用」として書き換える必要も（多少は）あるでしょう（ただ，もうそろそろ保護者にも開示できるような書き方にした方がいいとは個人的には思います）。

　その際，問われるのは，子どもの「学び」です。幼児期の終わりまでに育ってほしい姿は，小学校との「共通言語」という意味合いもあります。保育者，保育関係者にしか通じない言葉ではなく，共通の言語を使い，子どもの「学び」を共有しましょうといった意味も幼児期の終わりまでに育ってほしい姿には含まれています。

　幼児期の終わりまでに育ってほしい姿を参考にしながら，子どもがその遊びで何を学んでいるのかを振り返っていくことが求められています。

3. "計画通り"ではなく，子どもの興味を反映させた指導計画

（1）緩やかな計画とは

　この項では，子どもの興味を反映させた「緩やかな計画」についての考え方について焦点を当てたいと思います。各園で年間計画や月案，あるいは週案があると思います。『新しい指導計画の考え方』という著書の中で，無藤と大豆生田（2019）は『緩やかな計画』『柔軟な指導計画』の大事さを強調しています。計画通りになることではなく，日々子どもが何に興味をもっているか観察し，計画したことを修正しながら保育を進めて行くこと，と指摘しています。

　これからの「計画」というのは，計画通りに保育を進めるためのものではなく，年度始めに計画していた内容を，子どもの興味に応じて，追加したり，修正したり，あるいは時期を前後させたり，子どもの姿に応じて修正していくことが大事になっていくのです。

（2）エピソードから考える指導計画

　次のエピソードは，年間計画で決まっていた行事を，子どもの姿に応じて変えていった事例です。長いエピソードですが，解説しながらエピソードを読み解いていきたいと思います。

エピソード8-2① お店屋ごっこの始まり

　5歳児の6月になり，仲間と遊びたい思いが高まってきました。それまで，泥団子がクラスでブームになったり，集団遊びで仲間と遊ぶことを楽しんできましたが，6月になり，"遊びを探している"ように感じました。

　そこで，クラスの数人の子たちが，お店屋さんをしたり，ロボットを作って遊ぶなど，『作る』ことに興味をもっていたこと，同僚との対話で，「作ることをテーマに子どもたちと遊びを展開してはどうか」というアドバイスもあり，子どもたちに『お店屋』をテーマに遊びを進めて行くことを提

案してみました。

　お店屋ごっこは，去年まで当園で伝統的に行われていた活動でしたが，今年度は子どもの興味から出発したいということで，この時期の活動は未定でした。ちなみに，隣の5歳児クラスは，お祭りごっこを展開していました。

エピソード8-2② 自分から一歩を踏みだす

　保育者から投げかけた活動でしたが，予想外にも子どもたちがイキイキとし，毎日家に持ち帰って，園に持ってくるほど，作ったものを大事にしています。

　お店屋活動の展開の仕方は，子どもたちと相談して決めました。最初に，作りたい品物を集合時に挙げてもらい，大きな紙にリストアップします。自分が好きなものを，好きな時に作れるようにしました。

　以前は，○○屋さんなどグループを決め，決まった時間に相談して作っていましたが，クラスの状況を考えると，きっちりと決めない方がいいと思いました。そして，自由に作っていても互いに教え合ったり，見合ったり，『仲間』の影響を受け合うだろうと予測しました。もし違っていたら，またその時に考えればいいと思っていました。そして，柔軟に進めるからこそ，この活動で「仲間と一緒に進める楽しさを味わう」ということは，ねらいとしてぶれないようにもっておきました。

エピソード8-2③ 担任からの提案

　クラス全体を見ると，作ることに没頭している子たちに影響され，多くの子が作ることに夢中になっていきます。でも，なかなか自分から取り組まなかった子たちもいます。

　クラスを見ると，初めてのことに慎重な子が多く，自由にすると恐らく取り組まないでしょう。でも，ノルマのような物があり過ぎると惰性的に

なるかもしれないと感じました。そのため，様子を見る意味合いで，「1人
1つは挑戦してみよう」と提案しました。

　ユウキは，最初の2～3日は作っている子たちのそばにまったく近寄っ
てきませんでした。でも，仲間が作っているのは気になるようで，しばら
くすると工作コーナーにどんな材料があるのか覗き込んできます。

　そんな様子を見て，タイミングを伺っていた保育者が「やってみる？」
と声をかけると，戸惑いの表情を浮かべながらも「腕につける時計を作り
たい」と作ってみることにしました。保育者とユウキの様子を見て，コウ
タロウとタケトも一緒に参加し腕時計作りが始まりました。「これいいん
じゃない？」と，ユウキがビンの蓋を時計にし，紙をバンドに見立ててテー
プで留めます。でも，1回つけると
テープで留めているので，外すこ
とはできません。タケトが「つけ
たり，とれたりしたいんだよね…」
とつぶやくと，コウタロウがお面
バンドの要領で「ゴムでつけたら
いいんじゃない？」とアイデアを
出していきます。

　完成すると，嬉しかったようで何度も付けたりして遊びます。さらに，違う
工作にも挑戦していくようになり，この取り組みがとても大きな一歩になりま
した。「やりたくない」が，「やってみよう」に変わる瞬間に大事な学びがある
ような気がします。

［エピソード8-2④］ お店屋さんから，博物館へ

　布を使って1日がかりで作るなど，1つのものにかなりの時間と労力を
かけて作っていった子どもたち。「持って帰りたい」という声や「売りたく
ない」という声も挙がります。

　ここまで時間をかけていれば，そういう気持ちになるよなと保育者自身も感じました。当初の計画は，「お店屋」で，作ったものをお客さんに売るということでした。ただ，お店屋をすることが目的ではなく，クラスの仲間と同じ目的をもって進めて行くことが目的なので，お店屋ではなくてもいい。そう思い，悩みましたが，まず子どもたちと相談することにしました。

　すると，クラスのほとんどの子たちが「売りたくない」と声を挙げました。「博物館にして，見るだけにしたら？」という声が挙がり，「見るだけだとつまらないから，お土産をあげるっていうのは？」という意見も出ました。お店屋の当初から，ずっと作ることに夢中で，すでに大量のメガネなどを作っていたタロウとコウキもこの意見に納得し，お店屋さんから「博物館」に変更になりました。日程を決め，お客さんも4歳児クラスを招待することになりました。

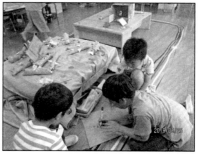

　当日は，お母さんの出産でお休みしている子が久しぶりに登園でき，全員揃って開店を迎えることができました。それぞれブースに分かれて，お土産を渡したり，作ったものを案内し，クラスの皆で博物館を成功させました。

（3）緩やかな指導計画のヒント

　今回のエピソードから，いくつか緩やかな指導計画のヒントが浮かび上がってきます。1つ目は，何を経験させたいのかの「願い」（この場合は，仲間と一緒というかなり大きい願い）があるかどうかです。お店屋という計画から，「売りた

くない！」という本末転倒な意見が挙がったときは，あれだけ時間をかけて作っていたので"やっぱり"と思ったと同時に，少し焦りました。

　エピソード内にも書いたように，「お店屋をすることが目的ではない」と思えたのは，保育者自身が「仲間と一緒に楽しむ」という願いがあったからこそ，お店屋という内容が変わっても「願い」の部分はそう大きく変わるわけではないと思えたからでした。

　2つ目は，悩んだときに保育者だけで決めずに，子どもと相談したことです。これは，5歳児だからではありません。子どもは大人が想像している以上に，いろいろなことを感じ，たくさんのことを考えています。もちろん，すべてを一緒に考えていくことは難しいですが，指導計画だけでなく，子どもと一緒に考えていくという姿勢はこれからとても大事になっていきます。

　子どもの意見に耳を傾けると予想外の意見も出てきます。保育者も悩み，試行錯誤します。しかし，これが本来の保育のあり方なのではないでしょうか。そして，エピソード前半の「同僚保育者のアドバイス」があったように1人ではなく，同僚と対話し，みんなで保育を考えていくことが，今求められています。

（4）保育が楽しくなる

　保育者自身が「面白がれる」というのが，私は素敵だなと思うのです。子どもが何に興味があるのか探っていったり，何を楽しんでいるのか見ていったことで驚くような発見があります。子どもって，こんなことを感じていたのか！こんな世界を生きているんだな！と，子どもを見る眼差しが変化します。

　そして，担任自身が自分で考える（計画も，明日の環境構成も）ということを通して，『保育者が色味を帯びる』ようになります。隣のクラスと同じでなくてはいけない，あまり自分を発揮してはいけないという固定観念を捨て，自分自身で考え，個性を発揮していく。保育は，子どもだけでなく，保育者自身の物語でもあります。

　園文化を変える，または考えることを通して，保育が楽しくなるという境地になることが，目指すべき方向性のような気がしています。

【注】

＊1）ドキュメンテーションについての詳細は，小泉・佐藤（2017）の『写真とコメントを使って伝えるヴィジブルな保育記録のススメ』を参照してください。

・・・・・・・・・・・・・・・・引用・参考文献・・・・・・・・・・・・・・・・

鯨岡峻・鯨岡和子『保育のためのエピソード記述入門』ミネルヴァ書房，2007年。
小泉裕子・佐藤康富編『写真とコメントを使って伝えるヴィジブルな保育記録のススメ』鈴木出版，2017年。
無藤隆・大豆生田啓友編『子ども姿ベースの新しい保育計画の考え方新要領・指針対応』フレーベル館，2019年。

第8章　演習課題

1．保育記録で大事なことは何だと思いますか。あなたの考え方を述べなさい。

2．子どもの興味を反映させた指導計画を作る際，具体的にどんなことが挙げられるか考えてみましょう。

確認問題の解答

▌第2章　保育の基本と領域「人間関係」

1．（1）　体験　　知識　　　（2）　思考力　　　（3）　生活　　学び
2．（1）　充実感　　　　（2）　信頼感　　（3）　習慣　　態度
3．①環境　　②援助　　③遊び　　④学習　　⑤ねらい　　⑥内容　　⑦領域

▌第5章　「個」および「集団」の育ちと保育

（1）　×　（2）　○　（3）　○　（4）　×

▌第6章　特別な配慮を必要とする子どもと人間関係

1．特別な配慮を必要とする子どもたちには，「発達に課題や障害のある子どもたち」や「外国につながりのある子どもたち」がいます。この他，このテキストでは取り上げていませんが，不適切な養育等が疑われる家庭の子どもたちも配慮や支援が必要な子どもたちです。
2．主な発達障害として「自閉症スペクトラム」「注意欠陥・多動性障害」「学習障害」の3つが挙げられます（特性については第1節（2）発達障害の基礎的理解を参照）。

▌第8章　保育の記録・計画・評価

1　①教育課程　　②全体的な計画　　③指導計画　　④計画　　⑤改善

索　引

《編著者紹介》

及川留美（おいかわ・るみ）

　東京未来大学こども心理学部准教授

　担当：第1章，第2章，第5章第1・2節，第8章第1節

《著者紹介》

西井宏之（にしい・ひろゆき）

　白梅学園大学附属白梅幼稚園教諭

　担当：第4章第2節，第5章第3節，第7章第2節，第8章第2節

柳瀬洋美（やなせ・ひろみ）

　東京家政学院大学現代生活学部准教授

　担当：第6章，第7章第1節

善本眞弓（よしもと・まゆみ）

　東京成徳大学子ども学部教授

　担当：第3章，第4章第1節

（検印省略）

2020年5月10日　初版発行　　　　　　　略称—人間関係

エピソードから楽しく学ぼう

人 間 関 係

編著者　及 川 留 美

発行者　塚 田 尚 寛

発行所　東京都文京区　　　**株式会社　創 成 社**
　　　　春日2-13-1

　　　　電　話 03（3868）3867　　　Ｆ Ａ Ｘ 03（5802）6802
　　　　出版部 03（3868）3857　　　Ｆ Ａ Ｘ 03（5802）6801
　　　　http://www.books-sosei.com　振　替 00150-9-191261

定価はカバーに表示してあります。

———————— 保 育 選 書 ————————

及川留美 編著
エピソードから楽しく学ぼう
人間関係
定価（本体 2,100 円＋税）

佐々木由美子 編著
エピソードから楽しく学ぼう
環境指導法
定価（本体 2,000 円＋税）

福﨑淳子 編著
エピソードから楽しく学ぼう
子ども理解と支援
定価（本体 2,000 円＋税）

福﨑淳子・及川留美 編著
[新版] エピソードから楽しく学ぼう
保育内容総論
定価（本体 2,400 円＋税）

百瀬ユカリ 著
よくわかる幼稚園実習
定価（本体 1,800 円＋税）

百瀬ユカリ 著
よくわかる保育所実習
定価（本体 1,700 円＋税）

百瀬ユカリ 著
実習に役立つ保育技術
定価（本体 1,600 円＋税）

鈴木美枝子 編著
これだけはおさえたい！
保育者のための「子どもの保健」
定価（本体 2,200 円＋税）

鈴木美枝子 編著
これだけはおさえたい！
保育者のための「子どもの健康と安全」
定価（本体 2,500 円＋税）

———————— 創 成 社 ————————